GRAMMAIRES PROVENÇALES

DE

HUGUES FAIDIT

ET DE

RAYMOND VIDAL DE BESAUDUN.

[XIIIe. SIÈCLE.]

———

GRAMMAIRES PROVENÇALES

DE

HUGUES FAIDIT

ET DE

RAYMOND VIDAL DE BESAUDUN.

[XIIIe. SIÈCLE.]

DEUXIÈME ÉDITION

REVUE, CORRIGÉE ET CONSIDÉRABLEMENT AUGMENTÉE

PAR

F. GUESSARD,

PROFESSEUR A L'ÉCOLE IMPÉRIALE DES CHARTES,
MEMBRE DU COMITÉ DE LA LANGUE, DE L'HISTOIRE ET DES ARTS
DE LA FRANCE.

PARIS,

A. FRANCK, RUE RICHELIEU, 67.

1858.

BRUNSVIC: IMPRIMERIE DE GEORGE WESTERMANN.

A LA MEMOIRE

DE

M. HIPPOLYTE FORTOUL.

AVERTISSEMENT.

Lorsque je publiai pour la première fois ces deux grammaires, [1]) je n'en connaissais pas tous les manuscrits, je n'avais à ma disposition qu'une copie défectueuse de deux d'entre eux, et je n'en pouvais voir de mes yeux qu'un seul, celui de Paris, qui est moderne et détestable. Aussi mon édition, — j'en avais dès lors la conscience et le regret, — laissait elle beaucoup trop à désirer. Malgré ses imperfections, elle a été favorablement accueillie par cinq ou six personnes en Europe. C'était plus qu'il n'en fallait pour m'imposer l'obligation de l'améliorer et de la rendre moins indigne du public choisi auquel elle s'adresse. J'ai longtemps désiré de m'acquitter de ce devoir; je m'estime heureux de pouvoir le remplir aujourd'hui.

Cette fois, tous les manuscrits connus des deux ouvrages ont passé sous mes yeux, et j'en ai extrait, par une collation patiente et minutieuse, les leçons

---

[1]) Dans la *Bibliothèque de l'école des chartes*, Iere Série, T. I, (1839 — 1840), avec tirage à part de 100 exemplaires.

qui m'ont paru les meilleures, les variantes que j'ai
jugées de quelque intérêt. Je pourrais dire le temps
que m'a demandé cette révision, car ici on ne sau-
rait penser que *le temps ne fait rien à l'affaire*; mais
j'aurais peur de m'attirer la compassion des grands
esprits qui prennent en pitié ces modestes travaux
de l'érudition. S'ils savaient ce que peut coûter
de soins la publication d'un aussi mince volume,
avec quel dédain cruel ils en souriraient. De quoi
s'agit-il, en effet? de deux petites grammaires, et
provençales encore, et du xiiie siècle par dessus
le marché. A quoi bon s'en aller à Milan? à quoi
bon courir à Florence, de la bibliothèque Ambro-
sienne à la bibliothèque Riccardi et de celle-ci à la
Laurentienne, pour revoir, pour épurer un texte que
personne ne lira ou peu s'en faut? Voilà le com-
pliment auquel je m'exposerais si j'avais l'indiscrétion
de parler de mon temps et de ma peine. Et comment
me justifier? En soutenant que ces deux grammaires
sont fort dignes d'intérêt, qu'aucune des langues ro-
manes n'en possède d'aussi anciennes, à deux siècles
près, pour le moins? Je n'y gagnerais rien que de
passer pour un de ces curieux désœuvrés qui vont
se perdre dans les catacombes de l'histoire ou de
la littérature, sous prétexte d'y étudier des questions
d'origines. Belles questions, vraiment, et bien dignes
de nous! C'est aux étrangers qu'il faut laisser le
souci de les débrouiller et de les éclaircir. C'est
aux Allemands que revient de droit cette tâche
pénible et fastidieuse. Pendant qu'ils ont la sim-

plicité de passer leur temps et d'user leur forces à
déterrer les statues mutilées de nos anciens poëtes, à
retrouver les règles perdues de nos anciens dialectes, la
littérature et la librairie Françaises s'acquièrent une
gloire immortelle par la publication des romans à
quatre sous et des *périodiques illustrés* à tous prix!

Ah! je le vois bien, c'est là qu'est l'avenir litté-
raire de mon pays; mais que voulez-vous? quand
on ne se sent point assez d'esprit pour aider à ce
grand mouvement, assez de puissance pour s'associer
à ces belles entreprises, il faut bien se rabattre sur
les études d'outre Rhin. Voilà pourquoi je publie
une nouvelle édition des grammaires de Hugues
Faidit et du troubadour Raymond Vidal de Be-
saudun.

Si l'on veut bien prendre la peine de comparer
cette édition à la première, on reconnaîtra aisément
qu'elle a été, comme je l'annonce, *revue, corrigée
et considérablement augmentée.* Cette promesse
du titre n'est pas seulement la répétition d'une
formule banale. Pour ne signaler que l'addition la
plus notable, j'ai restitué au *Donat provençal* une
longue nomenclature de verbes des diverses conju-
gaisons et un dictionnaire de rimes, qui font partie
de cet ouvrage, mais qui ne se trouvent pas dans
l'édition de 1840. Je n'avais pu alors les y com-
prendre, soit à cause des limites dans lesquelles
j'étais contraint de me renfermer, soit surtout à
raison de l'état du texte que j'avais entre les mains.
Je ne me flatte pas encore de l'avoir rétabli à la

complète satisfaction du lecteur; mais à quelques taches près, que je n'ai su faire disparaître, il ne me semble plus indigne d'être publié. Si l'on ne considérait que l'usage auquel elles étaient destinées, ces deux parties du traité de Faidit pourraient paraître d'un fort-médiocre intérêt; mais comme à chaque mot provençal s'ajoute, dans l'une et dans l'autre, une traduction latine contemporaine, elles deviennent pour nous un précieux glossaire, d'une autorité qui pourra être très-utilement invoquée dans l'interprétation des textes provençaux.

Les additions de moindre étendue sont assez nombreuses pour ne pouvoir être indiquées. Il en est de même des corrections. Les meilleures m'ont été fournies par un manuscrit de la bibliothèque Riccardi dont je n'ai pris connaissance que depuis peu. Ce manuscrit, qui est loin d'être très-pur, n'en renferme pas moins d'excellentes leçons, et m'a été du plus grand secours pour améliorer les passages défectueux de mon texte.

Je publie ces deux grammaires sous un nouveau titre, plus exact et plus précis que le premier.[1]) On est d'accord aujourd'hui pour ne plus employer seul, comme l'ont fait M. Raynouard et d'autres érudits, ce mot *roman*, qui s'applique également bien à tous les idiômes de l'Europe issus du latin, et qui, par cela même, ne saurait suffire pour en

---

[1]) La 1re édition portait ce titre: GRAMMAIRES ROMANES du xiiie siècle etc.

désigner un en particulier. Dans le nouveau titre sont compris les noms des deux auteurs, dont le premier ne m'est pas plus connu qu'en 1840, mais dont le second est bien, comme je le soupçonnais alors, le troubadour Raymond Vidal de Besaudun.

Depuis cette époque, un monument des plus curieux et des plus intéressants pour l'histoire de la langue et de la littérature provençales a été publié à Toulouse par les soins de M. Gatien Arnoult. Je veux parler du recueil qui a pour titre: *Las leys d'amors*, et qui renferme, on le sait, une grammaire, une poétique et une rhétorique, œuvres de l'académie naissante du gai savoir. Postérieure aux deux grammaires que je publie, celle de Toulouse est beaucoup plus étendue, mais au fond elle n'y ajoute rien d'essentiel. C'est là que j'ai trouvé, non sans quelque petite satisfaction, la confirmation d'une conjecture que j'avais hasardée à peu près en ces termes dans la préface de ma première édition:

„N'y aurait-il pas identité entre notre grammairien Raymond Vidal et le troubadour Raymond Vidal de Besaudun? rien n'empêche de le croire; mais on ne le saurait prouver, puisque la vie du troubadour nous est aussi peu connue que celle du grammairien. Cependant, en comparant les œuvres de l'un et de l'autre, on trouve un rapprochement, un indice favorable à la supposition que j'avance. Il nous reste six pièces, dont trois assez étendues, de Raymond Vidal de Besaudun; dans l'une de ces pièces, qui est une nouvelle, il cite fréquemment des passages de plusieurs troubadours, ce qui marque une certaine érudition. Notre grammairien, de son côté, n'est pas moins érudit; il cite aussi les troubadours, et, parmi eux, d'ordinaire, ceux même dont le poëte invoque l'autorité. C'est là sans doute un faible argument; mais je n'ai pas cru pouvoir le négliger."

Voici le passage des *Leys d'amors* où je trouve la confirmation de ma conjecture:

Segon que ditz En Ramon Vidal de Bezaudu le lengatges de Lemozi es mays aptes e covenables a trobar et a dictar en romans que degus autres lengatges. Ad aysso dizem que aysso dish En Ramon Vidal per doas cauzas etc. [1]) (*T. II. p. 402.*)

Il est manifeste que ce passage se réfère à celui de notre grammairien qu'on lira ci-après (p. 71):

Per totas las terras de nostre lengage so de maior autoritat li cantar de la lenga Lemosina que de negun' autra parladura. [2])

Sans doute, les termes de part et d'autre ne sont pas identiques; la citation n'est pas littérale; mais il me paraît impossible de contester le

----

[1]) Selon Raymond Vidal de Besaudun, le langage du Limousin est plus propre et plus convenable pour *trouver* et composer en roman qu'aucun autre langage. A celà nous disons que Raymond Vidal parle ainsi pour deux raisons ...

[2]) Dans tous les pays de notre langage les chants en langue Limousine sont de plus grande autorité que ceux d'aucun autre idiôme.

rapport qui existe entre les deux passages et la légitimité de la conséquence que j'en tire.

J'ai été moins heureux, je dois le confesser, en une seconde conjecture, où je n'ai fait, du reste, que suivre Crescimbeni. Après avoir démontré que les grammaires de Faidit et de Raymond Vidal ont été composées au treizième siècle, je renonçais à leur assigner une date plus précise: „Je dois cependant (ajoutais-je) rapporter ici une hypothèse de Crescimbeni qui ferait remonter la composition du *Donatus provincialis* à l'époque où vivait le troubadour Gui d'Uissel, c'est-à-dire aux premières années du treizième siècle.“

„Crescimbeni raconte, d'après Nostradamus, comment ce troubadour, après s'être signalé par des attaques audacieuses contre les puissants de l'époque et notamment contre la cour de Rome, se laissa intimider ou corrompre, et promit au légat du Pape de ne plus faire de sirventes; la même promesse fut arrachée à ses deux frères Eble et Pierre d'Uissel et à leur cousin Elie. Sur quoi ils furent cruellement raillés par un troubadour d'Arles, appelé Jacques de la Motte *(Jacobus de Mota)*, poëte renommé et homme fort indépendant, qui, suivant le moine des Iles d'or, était l'auteur d'une description des tombeaux, pyramides, obélisques et autres monuments anciens existant alors en Provence. Ce Jacques de La Motte, ajoute Crescimbeni, pourrait bien être le même que celui dont il est fait mention à la fin du *Donatus Provincialis*, dont l'auteur dit avoir composé son ouvrage *precibus Jacobi de Mota.* Cette conjecture n'a rien d'invraisemblable; mais ce n'est qu'une conjecture."

Ce n'est plus rien aujourd'hui. Aucun des manuscrits du *Donat provençal* ne donne la fausse leçon *de Mota;* c'est *de Mora* qu'il faut lire. Si l'auteur de *l'histoire de la poésie vulgaire* y avait regardé de plus près, il se serait épargné et m'aurait épargné après lui une supposition que la lettre tue, et que tout l'esprit du monde ne pourrait vivifier. Mais cet Italien s'est borné à mal lire; il a été de bonne foi. J'en sais un autre qui n'a pas la même excuse.

Une édition du traité de Raymond Vidal de Besaudun a été publiée à Modène en 1843, c'est-à-dire trois ans après la mienne, par M. le Comte Giovanni Galvani, auteur d'un assez pauvre abrégé des travaux de M. Raynouard et de quelques autres ouvrages moins importants. Cette édition se trouve au tome XV des *Memorie di religione, di morale e di letteratura,* [1]) sous ce titre plus developpé qu'exact:

Della diritta maniera di trovare ossia trattatello grammaticale di lingua Lemosina, scritto nella lingua medesima dall' antico trovatore Raimondo Vitale, ora PER LA PRIMA VOLTA, *su una copia estratta fedelmente dal codice* XLI, *plut.* 42 *della biblioteca Laurenziana, ridotto a vera lezione, corretto, annotato e fatto publico da Giovanni Galvani.*

---

[1]) Modena, dalla reale tipografia. Eredi Soliani. 1843. — Le recueil, commencé en 1822, s'arrête à l'année 1852.

Il n'est certes pas défendu à M. le comte Gal-
vani de recommencer plus mal ce que d'autres ont
fait; c'est son habitude, c'est sa vocation: qu'il les
suive. Mais quand il jugera à propos, comme en ce
cas, (j'en ai la preuve), de reproduire, même avec
les erreurs qu'il renferme, le travail d'un éditeur
étranger, je l'engage à compléter cette indication:
per la prima volta, par celle-ci: *in Italia.* Cette
marque de bonne foi n'eût pas été deplacée, il me
semble, dans un recueil consacré principalement à
la religion et à la morale.

A ces divers renseignements que je devais au
lecteur, il me permettra sans doute d'ajouter l'ex-
pression d'un sentiment personnel.

Un homme de lettres, qui unissait la bienveil-
lance au talent, me fit l'honneur, il y a longtemps
déjà, dans une remarquable étude sur les trouba-
dours, de faire ressortir l'intérêt qu'offraient à ses
yeux les deux traités que je publie de nouveau
aujourd'hui. Plus tard, devenu ministre, l'auteur de
l'*étude sur les troubadours* voulut bien me charger
d'une mission en Italie, que j'ai mise à profit pour
préparer cette édition. J'ai reçu de lui encore
d'autres témoignages d'une bienveillance d'autant
plus précieuse qu'elle était toute spontanée. En
inscrivant son nom sur la première page de ce petit
livre, j'acquitte, autant qu'il est en moi, une dette
de reconnaissance, et je regrette que cet hommage
ne puisse plus courir le risque de passer pour une
flatterie.

Il faut encore, pour m'acquitter entièrement, que j'adresse des remerciments à mon courageux éditeur. Ceux des libraires mes compatriotes à qui j'ai demandé timidement s'ils voulaient bien consentir à se charger de cette publication, se sont empressés de me répondre *non*. Le premier éditeur Allemand auquel j'ai eu recours m'a répondu *jawohl* avec une extrême courtoisie. Grâces lui en soient rendues, à lui et à la docte Allemagne, qui étudie plus que nous et parfois mieux que nous les origines de notre langue et de notre littérature.

Passy lez Paris 1er novembre 1857.

F. GUESSARD.

PRÉFACE. [1]

Les deux grammaires que je publie de nouveau sont restées inédites jusqu'en 1840, bien qu'on enconnût l'existence. M. Raynouard lui-même ne leur a consacré qu'une courte notice [2]. Elles méritaient mieux, si je ne me trompe, puisqu'elles contiennent, de l'aveu même du savant académicien, certaines théories qu'il a développées avec une ingénieuse habileté, et qui occupent une place importante parmi ses travaux philologiques. Il ne sera peut-être pas sans intérêt de remonter à l'origine de ces théories controversées, et d'en apprécier la valeur à la source même où elles ont été puisées. Ces deux ouvrages ne sont pas assurément des chefs d'œuvre d'analyse et de méthode; ils peuvent laisser à désirer sous certains rapports, comme l'observe M. Raynouard; mais ils ne m'en ont pas paru moins dignes de voir le jour et de fixer l'attention des philologues par leur nature, par leur âge, par le fait seul de leur existence.

---

[1] Cette préface est, en grande partie, celle de ma première édition, d'où j'ai retranché tout ce qui me paraît aujourd'hui au moins inutile, où j'ai ajouté tous les renseignements nouveaux que j'ai pu recueillir.

[2] *Choix des poésies originales des Troubadours*, t. II. *Monum. de la lang. rom.*, p. CL.

2

L'illustre M. Daunou, dans le vaste tableau qu'il a
tracé de la littérature du treizième siècle, n'a touché
qu'avec une grande réserve et une extrême circonspection
les questions de philologie qui se rattachaient naturelle-
ment à son sujet. Il n'a rien dit ou presque rien des
travaux de la science moderne, qui apparemment lui
semblaient suspects. Le savant académicien aurait été sans
doute plus explicite et moins sobre de détails, surtout
à l'égard de la langue des troubadours, s'il avait connu,
autrement que par la brève notice de M. Raynouard, les
deux ouvrages que je publie aujourd'hui.[1]

L'un est appelé: DONATZ PROENSALS. [2]

L'autre a pour titre: LAS RASOS DE TROBAR. [3]

Ces titres caractérisent parfaitement la nature et
l'objet des deux traités, dont le second est plus litté-
raire que le premier, et s'adresse surtout aux poëtes. Je
vais d'abord examiner le *Donatz proensals*, qui paraît être
le plus ancien, et qui est purement grammatical, en com-

---

[1] M. Daunou n'aurait pas dit non plus, s'il avait connu ces
deux ouvrages, que le *Donatz proensals* est anonyme. „La langue
romane nous fournira (je cite ses propres expressions) très-peu de
productions en prose depuis l'an 1200 jusqu'en 1300. On a pour-
tant lieu de croire que deux grammaires de cette langue ont été
rédigées dans cet intervalle. L'une est anonyme, et a été traduite
en latin sous le titre de *Donatus provincialis*; l'auteur de la se-
conde est Raymond Vidal, qui l'adresse surtout aux poëtes." (*Dis-
cours sur l'état des Lettres au treizième siècle. Hist. litt. de la France*,
t. XVI, p. 148.)

[2] Donat Provençal.

[3] La manière ou l'art de *trouver*. — Le mot provençal *trobar*
est intraduisible; il signifie à peu près *imaginer*. Voici la définition
qu'en donne un grammairien du quatorzième siècle: „Trobars es far
noel dictat en Romans, fi, be compassat." *Trouver*, c'est faire
une composition originale en Roman, pure et bien ordonnée. (*Leys
d'amors*).

prénant dans mon examen les principaux points de doc-
trine communs à cet ouvrage et à celui qui le suit.
J'essaierai en second lieu de donner une idée de la mé-
thode et des principes qui recommandent *Las rasos de tro-
bar*, au point de vue philologique et littéraire. Dans une
troisième division je placerai la notice des manuscrits,
quelques observations sur les textes, et quelques notes gé-
nérales.

I.

DONATZ PROENSALS.

L'auteur de cette grammaire, Hugues Faidit, a eu le
soin de signer son ouvrage, et de nous faire connaître son
nom dans une sorte d'épilogue, où il se met en garde
contre la critique, avec cet aplomb et cette assurance de
langage que l'on aurait tort de considérer comme une
invention toute moderne. D'abord, s'il faut l'en croire,
c'est aux instances de deux personnages, qu'il nomme,
que nous devons la composition de son traité. Puis il
ajoute: „Je sais bien que les envieux déchireront mon
livre: ignorance et critique, voilà leur fait. Mais si quel-
qu'un de ces jaloux avait la présomption d'attaquer cet
ouvrage en ma présence, j'ai assez de confiance dans
mon savoir pour m'assurer que je le réduirai au silence
devant tout le monde, certain comme je le suis que
personne avant moi n'a traité cette matière avec autant
de perfection, et d'une manière aussi complète.“

Examinons, cependant, jusqu'à quel point était fondée
la confiance de Faidit dans son savoir.

Et d'abord il n'est pas difficile d'indiquer la source
où il l'a puisée: le titre même de son ouvrage annonce

2*

qu'il a pris pour guide un célèbre grammairien latin,
Ælius Donatus, le maître de S. Jérôme. Il est curieux de
voir quel parti il a su tirer de cette imitation, et de re-
marquer ses efforts constants pour élever à la hauteur de
la langue classique, l'idiome vulgaire dont il veut régler
les formes mobiles. Il n'est pas moins intéressant d'ob-
server comment il procède quand l'application des règles
latines devient impossible, et même de le suivre dans
les écarts et dans les aberrations singulières où l'entraîne
son zèle d'imitateur.

Ce désir ou ce besoin de modèle se fait beaucoup
moins sentir dans le traité de Raymond Vidal, qui vient
après celui-ci; mais on retrouve une tendance analogue, et
bien plus marquée encore, dans le recueil connu sous le nom
de *Las leys d'amors*,[1] composé à Toulouse au quatorzième
siècle, et qui renferme une grammaire, une poétique et
une rhétorique fort étendues. L'imitation des théories

---

[1] *Leys d'amors*, littéralement *Lois d'amour*. Ce titre, ainsi tra-
duit, est loin de donner une juste idée de l'ouvrage qui le porte. On
serait singulièrement trompé si l'on s'attendait à y trouver un recueil
de dispositions à l'usage de ces Cours d'amour, sur lesquelles s'est
exercée l'érudition de M. Raynouard et de M. Diez. Les *Lois
d'amour* ne s'adressent qu'à l'esprit et les seules passions dont
elles s'occupent sont les passions oratoires. Le mot *amour*, en
certains cas, avait au moyen âge une acception toute particulière: il
signifiait à peu près *poésie*. C'est dans ce sens que Petrarque a dit
du troubadour Arnaud Daniel:

Gran maestro d'*amor*, ch'alla sua terra
Ancor fa onor col dir polito e bello.
(*Trionfo d'amore*, cap. IV.)

Le recueil des *Leys d'amors*, texte provençal et traduction fran-
çaise, a été, comme je l'ai dit ci-dessus, publié à Toulouse par M.
Gatien Arnoult. Il forme trois volumes grand in -8°. On n'en con-
naissait auparavant que des fragments publiés par Lafaille (*Annales
de Toulouse* t. I. pr. p. 64 à 84), par Crescimbeni (*Istor. della volg.
poes.*, t. II, p. 211 *et suiv.*), par Bastero (*Crusca provenzale*, p. 94
et suiv.).

latines est un des caractères saillants de cette compi-
lation, où elle se révèle à chaque instant, et d'autant plus
clairement qu'elle est plus pénible et plus forcée. De
tels emprunts, trop souvent malencontreux, ne donnent
pas sans doute une haute idée de l'habileté des grammai-
riens du moyen âge; mais il n'en est pas moins impor-
tant de les reconnaître et de les signaler. De pareils
faits sont de précieux renseignements sur le sort et l'his-
toire de la langue latine, après sa décadence, sur le rôle
qu'elle a joué à côté des idiomes vulgaires, et sur la
part qu'il faut lui attribuer dans la formation et le déve-
loppement réguliers de ces idiomes, avant l'époque de la
renaissance.

Au temps de Faidit, la grammaire latine était la
grammaire unique, la grammaire par excellence. Il la
désigne, comme Raymond Vidal et comme tous les écri-
vains contemporains, en employant le mot *grammatica* dans
un sens absolu. La dénomination de *grammaticus sermo*,
que je trouve appliquée un peu plus tard à la langue la-
tine, par un traducteur florentin,[1] prouve encore mieux
toute l'autorité de cette langue au treizième et au quator-
zième siècles. On peut apprécier par là l'opinion qu'a-
vaient alors des idiomes vulgaires les hommes lettrés, et
ceux même qui, comme Faidit, essayaient d'en fixer les
formes et d'en faire connaître les caractères principaux.
On va juger par quelques citations de ses idées à cet
égard et de sa méthode.

„Les huit parties que l'on trouve en *grammaire*,
dit-il en commençant, on les trouve aussi en provençal
vulgaire." — Son premier rapprochement n'est pas heu-

---

[1] Liber Palladii ex *grammatico sermone* in idiomate florentino
deductus per me, A. L. — Tel est le titre d'une traduction manu-
scrite du quatorzième siècle conservée à la Bibliothèque Lauren-
tienne, à Florence. Voyez Bandini, Catal. cod., Mss. Bibliot. Medi-
ceæ Laurentianæ, t V. (*Plut.* XLIII, *Cod.* XIII.)

reux, comme on le voit, puisqu'il lui fait oublier l'article,
qui n'existe pas en latin, et qui constitue dans les lan-
gues romanes une neuvième espèce de mots. Ses dé-
finitions, comme ses divisions, sont presque toutes d'em-
prunt. Il ne tient pas compte des différences, et ne recule
pas devant les difficultés qu'il éprouve à transporter du
latin en provençal certaines expressions techniques. Il dé-
finit comme Donat, sauf à admettre ensuite des exce-
ptions, et il parle comme lui, quand le provençal fait
défaut. C'est ainsi qu'il reconnaît des mots de tout genre,
les désigne par l'adjectif latin *omnis*, et les définit ceux
qui appartiennent également au masculin, au féminin, et
au neutre, quoiqu'il n'existe pas de mots neutres en pro-
vençal, et cela de son propre aveu. Il va plus loin:
pour prouver que le participe *plaisens* est un mot de
tout genre, il cite comme exemple pour le neutre cette
proposition: „*Aquest bes m'es plaisens*" (ce bien m'est
agréable), ayant en vue le mot latin *bonum* et non le
substantif provençal *bes*, qui est masculin.

Ce n'est qu'à regret et bien malgré lui qu'il se ré-
signe à modifier légèrement le cadre tout fait où il veut
faire entrer le tableau des déclinaisons et des conjugaisons
provençales. „Tous les verbes dont l'infinitif se termine
en AR sont, dit-il, de la première conjugaison; mais les
infinitifs des trois autres sont tellement confus en Vul-
gaire, qu'il faut abandonner la grammaire, et donner une
règle nouvelle." Il prend sur lui d'établir ces nouvelles
catégories, et il le fait avec une certaine bizarrerie de
langage. „C'est pourquoi il me plaît (*perque platz a mi*)
que les verbes dont l'infinitif se termine en ER soient de la
seconde conjugaison, etc." Ailleurs, après avoir posé ce
principe que le *s* final caractérise le nominatif singulier,
et l'absence de cette lettre le nominatif pluriel, principe
conforme à l'esprit de la grammaire latine, en ce qu'il
admet la distinction des cas, il excepte de la règle tous

les substantifs féminins terminés en A, et ne manque pas
d'avertir que l'identité de leurs terminaisons, au singulier
comme au pluriel, est *contraire aux lois de la grammaire.*
Cette observation est curieuse: elle découvre clairement
l'origine d'une règle où d'une habitude à laquelle on a at-
tribué, suivant moi, une importance fort exagérée et une
utilité très contestable, puisqu'elle s'appliquait seulement à
un certain nombre de substantifs, comme on le verra tout
à l'heure.

Malgré ces oublis, ces distractions et ces erreurs,
résultats d'une imitation trop fidèle, cette grammaire est
précieuse. Elle renferme, quelquefois d'une manière som-
maire, mais souvent dans le plus grand détail, toutes les
notions importantes pour l'étude et la connaissance de la
langue des troubadours. J'en dirai autant de celle de Ray-
mond Vidal. Si elles laissent beaucoup à désirer, comme
l'a avancé M. Raynouard, c'est sous le rapport de la forme
et de la méthode, bien plutôt que pour le fond. On com-
prend aisément que ces essais incorrects de deux gram-
mairiens du moyen âge n'aient pas satisfait le savant
philologue du dix-neuvième siècle, et ne l'aient pas dé-
tourné du projet de refaire leur travail; mais si l'on y
trouve les principales règles que M. Raynouard a déve-
loppées avec une grande finesse d'analyse, et confirmées
par des recherches patientes, on jugera peut-être que son
appréciation a été sévère. C'est d'après nos deux gram-
mairiens que M. Raynouard a établi la théorie de la dis-
tinction des sujets et des régimes, dont on lui a fait hon-
neur. Le passage que voici prouve du reste qu'il ne pré-
tendait pas à la découverte: „L'un et l'autre ouvrage, dit-
il en parlant du traité de Faidit et de celui de Raymond
Vidal, indiquent la règle qui distingue les sujets et les ré-
gimes, soit au singulier, soit au pluriel."[1] Ce qui appar-

---

[1] *Choix des poésies orig. des troub.,* t. II; *monum. de la lang.
rom.,* p. CLIII.

tient en propre à l'ingénieux éditeur des troubadours, c'est
l'extension de cette règle à la langue des trouvères.

Mais pourquoi n'a-t-il cité de ces grammaires que des
fragments presque indifférents? Pourquoi s'est-il privé
d'une ressource aussi précieuse? C'est ce qu'on ne sau-
rait dire. Ce silence a eu pour fâcheux résultat de
soulever des doutes et des discussions à propos de
la règle que je viens de rappeler. Grâce aux erreurs
des copistes, grâce aux nombreuses exceptions auxquelles
cette règle était soumise, grâce aussi à ce qu'elle n'était
pas fort répandue, au dire de Raymond Vidal, les ma-
nuscrits n'en attestent l'existence que d'une manière très-
variable. On a donc pu la contester, tant qu'on a cru
y voir une découverte de la philologie moderne. Mais
que répondre au témoignage de deux grammairiens con-
temporains? Ce témoignage, joint à l'autorité des textes,
eût forcé les esprits les plus incrédules; il eût coupé court
à toute discussion, au moins quant à l'existence de la
règle. Je dis l'existence; car l'origine et surtout l'usage
qu'on lui a attribués me paraissent des questions beau-
coup plus controversables. Quoiqu'il en soit, M. Ray-
nouard n'a pas cru devoir s'appuyer sur les nombreux
passages de nos deux grammairiens qui constituent la
théorie fort compliquée des déclinaisons: il a eu tort, ce
me semble, dans l'intérêt de la science.

Il n'a pas non plus jugé à propos de descendre
dans tous les détails auxquels Faidit et Raymond Vidal
ont donné place dans leurs traités. La question en
valait cependant la peine; et d'ailleurs la philologie ne
doit pas reculer devant les détails. Je laisserais volontiers
aux amis de cette science le soin de vérifier les asser-
tions qui précèdent dans les textes mêmes, s'ils n'étaient
un peu confus; mais je crois devoir rassembler et traduire
ici les passages épars des deux grammairiens, qui éta-
blissent les règles relatives à la distinction des sujets et

des régimes dans la langue provençale. Ces règles méritent d'être connues sous leur forme primitive, avec les exceptions qui les modifient. Je les rapporte ici, en les classant suivant leur application aux différentes espèces de mots déclinables, et en les traduisant presque littéralement.

Noms. — On sait qu'il n'y a dans la langue romane que deux genres, le masculin et le féminin. Voici les principes qui régissent les noms de ces deux classes, — et d'abord les noms masculins.

„Le nominatif, dit Faidit, se reconnaît par LO; le génitif par DE; le datif par A; l'accusatif par LO. Et ne peut l'accusatif se distinguer du nominatif, si ce n'est que le nominatif singulier, quand il est masculin, veut s à la fin, tandis que les autres cas ne le veulent pas.“

„Le nominatif pluriel le rejette, et tous les autres cas le prennent.“

„Le vocatif ressemble au nominatif dans tous les mots en ORS, et dans quelques autres, tels que: *Deus, reis, francs, pros, bos, cavaliers, canzos*. Partout où il ne prend pas le *s*, le vocatif ressemble au nominatif pour les syllabes et les lettres, moins ce *s* final.“

„De la règle qui dit que le nominatif pluriel ne veut pas le *s* final, je veux excepter tous les noms féminins; car je n'ai entendu parler que des masculins et des *neutres*.“

„J'ai dit plus haut que le nominatif singulier veut partout *s* à la fin: je veux excepter de cette règle tous les mots qui finissent en AIRE, comme *emperaire*, etc.; en EIRE, comme *beveire*; et en IRE, comme *traire*. Cependant *albires* veut *s*, ainsi que *conssires* et *desires*.“

„Sachez que tous ces mots dont le nominatif singulier finit en AIRE, en EIRE et en IRE, terminent tous leur cas, au singulier, en DOR, excepté le vocatif qui ressemble au nominatif, comme il est dit ci-dessus.“

„Je veux encore excepter de la règle du nominatif singulier: *maestre, prestre, pastre, sener, sor, bar.*“

„Il y a d’autres espèces de noms qui ne se déclinent pas, comme *vers* avec tous ses composés.“

„Tous les noms qui finissent en AS long ne se déclinent ni ne se changent.“ (Suit une nomenclature de noms de diverses terminaisons, qui sont indéclinables. Il est à remarquer que tous ces noms, et en général tous les mots indéclinables compris dans cette liste, se terminent en *s* au pluriel comme au singulier.)

Voici les règles posées par Raymond Vidal relativement aux noms masculins:

„Vous devez savoir que tous les mots masculins du monde, qui sont de la classe des noms, ou ceux que l’on emploie au masculin, substantifs ou adjectifs, *s’allongent* en six cas, savoir: au nominatif singulier, au génitif, au datif, à l’accusatif et à l’ablatif pluriel; et s’abrègent en six cas, savoir: au génitif, au datif, à l’accusatif et à l’ablatif singulier, au nominatif et au vocatif pluriel.“

„J’appelle *allonger*, dire, par exemple: *cavaliers, cavals.* Si l’on disait: *lo cavalier es vengut,* ce serait mal dit.“

„Les vocatifs singuliers de tous les mots masculins s’allongent, et tous les vocatifs pluriels s’abrègent, comme les nominatifs.“

„Je dois vous dire qu’il y a des mots qui s’allongent à tous les cas du singulier et à tous ceux du pluriel.“ (Suit une liste d’exemples. Il va sans dire que les mots cités par Raymond Vidal sont terminés en *s*, comme ceux de la nomenclature de Faidit.)

„Je vous ai parlé de mots masculins et féminins; je vous ai dit comment ils s’allongent et s’abrègent. Je vais vous parler maintenant de ceux qui ont une forme semblable pour le nominatif et le vocatif singulier, et une autre pour tous les autres cas."

„Ecoutez pour les noms masculins: au nominatif singulier on dit *compags*, *laires*, etc. A tous les autres cas du singulier, ainsi qu'au nominatif et au vocatif pluriel, on dit: *compaignon*, *lairon*, etc. Au génitif, au datif, à l'accusatif et à l'ablatif pluriel, on dit: *compagnons*, *lairons*, etc. Lors donc que vous trouverez un mot dit de deux manières, vous devez rechercher tous les cas."

„Il y a trois espèces de noms verbaux, comme *emperaires*, *chantaires*, comme *grasieires*, *jauzieires*, et comme *entendeires*, *voleires* et une foule d'autres, qui se disent ainsi au nominatif et au vocatif singulier: *emperaires*, *grazieires* et *entendeires*, tandis qu'au génitif, au datif, à l'accusatif et à l'ablatif singulier ainsi qu'au nominatif et au vocatif pluriel, on dit: *emperador*, *jauzidor*, *entendedor*. Au génitif, au datif, à l'accusatif et à l'ablatif pluriel, on dit: *emperadors*, *jauzidors*, *entendedors*."

Je passe aux noms féminins. Voici ce qu'en dit Raymond Vidal, qui, sur ce point est plus clair et plus explicite que Faidit:

„Vous devez savoir qu'il y a trois sortes de mots féminins, c'est-à-dire des mots terminés en A, comme *dompna*; des mots terminés en OR, comme *amor*, et d'autres terminés en ON, comme *chanson*."

„Tous les mots terminés en A s'abrégent aux six cas du singulier, et s'allongent aux six cas du pluriel." — C'est ce que Faidit exprime ainsi: „Le nominatif de la première déclinaison est en A, et tous les autres cas de même, j'entends ceux du singulier; car au pluriel, tous les cas prennent le *s* final." — Et ailleurs: Les noms féminins sont semblables pour tous les cas du pluriel, ce qui est contre la grammaire." Il faut noter ici une exception signalée par Faidit, qui concerne deux noms masculins ayant une désinence féminine en A. *Propheta* et *papa* ne prennent pas le *s* final au nominatif pluriel. Tous les autres noms masculins terminés en A se déclinent comme les noms féminins de même terminaison.

Raymond Vidal continue: „Tous les mots terminés en OR et en ON s'allongent en huit cas, savoir: au nominatif et au vocatif singulier, et à tous les cas du pluriel. Ils s'abrégent au génitif, au datif, à l'accusatif et à l'ablatif singulier.“

Il y avait des noms féminins indéclinables, comme des noms masculins, ou, pour me servir des termes de Raymond Vidal, des noms qui s'allongeaient à tous les cas du singulier et du pluriel; mais il ajoute que ces noms s'allongent par euphonie, ce qu'il ne dit pas à l'égard des noms masculins de la même espèce. Voici ses propres expressions:

„Il y a des mots qui s'allongent à tous les cas du singulier et du pluriel, par habitude de prononciation, et parce qu'ils se disent ainsi plus agréablement, comme, par exemple, *emperairis*, *chantairis*, *badairis*, et tous ceux qui se terminent de même.“

„Je vous ai parlé des mots masculins et féminins; je vous ai dit comment ils s'abrégent et s'allongent; je vous parlerai maintenant de ceux qui ont une forme semblable pour le nominatif et le vocatif singulier, et une autre pour tous les autres cas. Parlons des féminins.“

„Au nominatif et au vocatif singulier, on dit: *ma donna*, *sor*, *gasca*, etc., et à tous les autres cas du singulier, on dit: *mi dons*, *seror*, *gascona*. A tous les cas du pluriel, on dit: *donpnas*, *serors*, *gasconas*.“

Il y avait des substantifs communs. Voici la règle qui les concerne:

„Les mots substantifs communs, dit Raymond Vidal, quand on les emploie au masculin, s'allongent et s'abrégent comme les noms masculins. Quand on les emploie au féminin, ils s'allongent et s'abrégent comme les féminins qui ne sont pas terminés en A;" c'est-à-dire comme les noms en OR ou en ON, d'après la règle rapportée plus haut.

Voilà la théorie complète des noms, telle qu'elle résulte des textes combinés de nos deux grammairiens. J'ai abrégé les développements diffus, et surtout les listes d'exemples que l'on trouvera ci-après. Mon but était seulement de prouver que tous les principes exposés par M. Raynouard se trouvent dans l'un ou dans l'autre ouvrage, et de la manière la plus expresse. On remarquera peut-être que Faidit et Raymond Vidal ne semblent pas s'accorder sur l'exception relative aux noms en AIRE, en EIRE et en IRE. Le premier dit formellement que le s ne s'attache pas à ces noms, au nominatif singulier; le second n'en dit rien, et les exemples qu'il cite sont tous écrits avec le s final. Mais ce n'est là probablement que le résultat d'une erreur de copiste, à en juger par les manuscrits des troubadours, où les noms ainsi terminés sont généralement écrits sans s final. Cette exception ne paraît pas devoir être étendue à la langue des trouvères, où le s se trouve fréquemment attaché aux noms en AIRE et en ERE, malgré la différence des cas obliques, dont la désinence est en EUR.

ADJECTIFS. — Les règles qui précèdent s'appliquent aux adjectifs à peu près comme aux substantifs. Voici les passages qui le prouvent, ou qui contiennent des dispositions spéciales :

„De la règle qui veut que le nominatif singulier prenne s à la fin, je veux excepter, dit Faidit, *melher, peier, sordeier, maier, menre, genzer, leuger, greuger*, et tous les adjectifs employés neutralement, sans substantif, comme: *mal m'es, greu m'es*, etc."

„Tous les adjectifs féminins dont le nominatif sin-

gulier se termine en A suivent la même règle que les
noms féminins terminés de même.“

„Les adjectifs terminés en ANS ou en ENS, quand ils
se rapportent à un substantif masculin, ne veulent pas
le s au nominatif pluriel.“

Raymond Vidal comprend les adjectifs dans les règles
suivantes: „Vous devez savoir que tous les mots masculins
du monde, substantifs ou adjectifs, s'allongent et s'abrégent
en six cas.“

„Tous les mots terminés en A, substantifs ou ad-
jectifs, s'abrégent aux six cas du singulier et au six cas
du pluriel.“

„Vous devez savoir par cœur que tous les adjectifs
communs, *fortz*, *vils*, *plazens*, etc., de quelque espèce
qu'ils soient, noms ou participes, s'allongent au nomina-
tif et au vocatif, qu'ils soient masculins ou féminins. A
tous les autres cas, ils s'allongent et s'abrégent comme les
substantifs.“

„Voici les adjectifs communs qui varient, en passant
du nominatif et du vocatif singulier aux autres cas. Au
nominatif et au vocatif singulier, on dit: *maires*, *menres*,
miellers, etc., quel que soit le genre du substantif; et l'on
dit à tous les autres cas: *maior*, *menor*, *melhor*, en abré-
geant ou en allongeant, comme pour les substantifs mas-
culins.“

„Je veux encore vous faire savoir qu'il y a un mot
masculin, sans plus, qui s'allonge au nominatif et au
vocatif singulier, ainsi qu'à tous les cas du pluriel: ce
mot est *malvaz*.“

Rien ne manque à cette théorie, comme on le voit,
pas même les observations de détail, du genre de celle
qui précède. En parcourant la liste des mots indéclina-
bles dans les deux grammaires, on y trouvera un grand
nombre d'adjectifs que je ne rapporte pas ici; je constate
seulement que tous ces adjectifs sont terminés en *s*,

comme les noms de la même catégorie. Le désaccord que j'ai signalé tout à l'heure entre Faidit et Raymond Vidal, à propos des noms terminés en AIRE, EIRE, IRE, se reproduit pour les comparatifs en AIRE, en ER, etc. Ce désaccord résultant seulement de l'orthographe différente des deux manuscrits, et non de deux passages contradictoires, il serait inutile de s'y arrêter.

PRONOMS. — „De la règle qui veut que le nominatif singulier prenne *s* à la fin, je dois excepter quelques pronoms: *eu, tu, el, qui, aquel, ilh, cel, aicel, aquest, nostre, vostre,* qui sont au nominatif singulier et ne prennent pas le *s* final." Ce passage est de Faidit; les suivants sont extraits de Raymond Vidal.

„Comme je veux vous parler du verbe, je vous dirai ici comment se déclinent les pronoms: au nominatif et au vocatif singulier, on dit: *aqels, cels, els, autres, cest, mos, tos, sos;* et à tous les autres cas du singulier on dit: *aquest, cestui, lui, autrui.* Au nominatif et au vocatif pluriel, on dit: *ill, cill, aqill, aqist, autre, cist, miei, siei;* et à tous les autres cas du même nombre, on dit: *cels, lors, aqest, autres, aicels, cest, los, mos, sos.*"

„Vous avez entendu ce que j'ai dit des pronoms masculins; je vais maintenant vous parler des féminins. Aux six cas du singulier, on dit: *ella, cella, autra, aqesta la, sa, ma;* et à tous les cas du pluriel: *ellas, cellas, autras, aqéstas,* etc·"

Il ajoute quelques mots relatifs aux pronoms possessifs pour annoncer qu'ils suivent la règle générale, s'allongeant et s'abrégeant comme les noms masculins et féminins.

„Je veux encore que vous sachiez qu'au nominatif et au vocatif singulier, on dit *totz;* qu'aux autres cas du singulier, on dit *tot;* qu'au nominatif et au vocatif pluriel, on dit *tut*, et aux autres cas du même nombre, *totz.*"

On remarquera encore ici un diesaccord entre les deux grammairiens. Je dois dire que l'exception admise par Faidit n'est pas ordinairement confirmée par les manuscrits, du moins en ce qui concerne les pronoms *cel aicel, aquel.*

NOMS DE NOMBRES. — „Sachez, dit Raymond Vidal, que *uns* s'allonge au nominatif singulier, et qu'à tous les autres cas on dit *un*. — Au nominatif et au vocatif pluriel, on dit *dui, trei,* et aux autres cas, *dos, tres.* Pour tous les autres nombres, jusqu'à cent, il n'y a qu'une forme; mais toutes les centaines entre cent et mille s'abrégent au nominatif pluriel, et s'allongent à tous les autres cas."

VERBES. — „Vous devez savoir qu'il y a une forme du verbe qui se prend substantivement, comme qui dirait *mal me fai l'anars,* ou *bon sap le venirs.* Cette forme s'allonge et s'abrége comme les noms masculins."

Participes présents, participes passés. — Les participes présents et les participes passés n'étant que des adjectifs d'une espèce particulière, ils étaient soumis à la règle générale. On a vu plus haut un passage de Faidit relatif aux adjectifs en ANS et en ENS, qui ne sont autres que les participes présents. En voici deux autres, qui sont spéciaux:

„Sont communs les mots qui appartiennent à la fois au masculin et au féminin, comme les participes qui se terminent en ANS et en ENS. Je puis dire également: *aquest chavalers es avinens; aquesta dona es avinens;* mais, au nominatif pluriel, il y a un changement, car il faut dire: *aqelh chavaler sun avinen, aquelas donas sun avinens.*"

„Vous devez savoir que tous les participes finissent
én ANS, en ENS, en ATZ, en UTZ ou en ITZ, comme: *amans,
pesantz, plasenz, sufrenz, conogutz, retengutz, auzitz, preteritz,
enganatz, despolhatz.*"

A l'occasion des verbes passifs, Faidit s'étend lon-
guement sur les participes passés. Ce qu'il en dit
prouve qu'ils suivaient pour le masculin et le féminin
les règles ci-dessus rapportées, sous la rubrique
adjectifs.

Voilà à peu près tout ce que l'on peut recueillir
dans les deux grammairiens sur la distinction des su-
jets et des régimes. L'ensemble des préceptes que je
viens de réunir et de coordonner, constitue, comme on
a pu le voir, un système assez compliqué, où dominent
deux règles qui s'appliquent tantôt isolément, tantôt con-
curremment.

La première distingue le sujet du régime par l'ad-
dition d'un *s* final au nominatif singulier et aux cas obli-
ques du pluriel, et par la suppression de cette lettre aux
cas obliques du singulier et au nominatif pluriel.

La seconde établit cette distinction par une modi-
fication plus profonde du mot lui-même, et par l'emploi
d'une double forme caractéristique.

Ces deux règles, dis-je, s'appliquent tantôt isolément,
tantôt concurremment; mais souvent aussi elles ne s'ap-
pliquent pas du tout, de sorte que la distinction qu'elles
ont pour but d'établir, s'il faut en croire M. Raynouard,
est souvent surabondante, et souvent n'existe pas. Il
y a un certain nombre de mots masculins et féminins
qui ont une double et même une triple forme, sans comp-
ter le secours de l'article et de la préposition; il y en a
d'autres, et en plus grand nombre, qui n'ont que l'article
pour signe distinctif, et ce signe ne distingue pas le sujet
du régime direct.

S'il en est ainsi, je n'aperçois rien de merveilleux

3

dans ce procédé, dans ce mécanisme grammatical tant
vanté, tant admiré par M. Raynouard et par d'autres
savants. Voyez, en effet, comme ce procédé va à son
but! il sert à distinguer le sujet du régime, mais seu-
lement dans un certain nombre de mots masculins
et dans quelques mots féminins. Pourquoi cette restric-
tion? La nécessité de la distinction ne se fait-elle pas
sentir pour tous les mots également? Les mots féminins
en a, qui sont fort nombreux, n'en sont-ils pas dignes
aussi bien que les autres? Ils en sont pourtant privés,
puisque leurs terminaisons sont identiques à tous les cas
du singulier et du pluriel. Et les mots indéclinables,
dont la liste est assez longue! et ceux qui s'allongent
à tous les cas, comme dit Raymond Vidal, pour l'agré-
ment de la prononciation! et ceux que l'on peut allonger
ou abréger à volonté, suivant le même grammairien!
tous ces mots ne participent pas au bénéfice de la règle.
A quoi donc se réduit cette règle? à quoi sert ce mé-
canisme ingénieux? à embrouiller singulièrement les idées,
à compliquer sans nécessité le système grammatical. Ecou-
tons sur ce point Raymond Vidal: il nous apprend que
l'*allongement* et l'*abréviation* étaient loin d'être familiers à
tout le monde.

„Pour vous faire mieux comprendre, dit-il, je vous
trouverai des exemples dans les troubadours. Vous verrez
comment ils ont procédé à l'égard du nominatif et du
vocatif singulier, ainsi qu'à l'égard du nominatif et du
vocatif pluriel; car ces quatre cas sont plus difficiles à
entendre pour ceux qui n'ont pas le bon parler que pour
ceux qui l'ont. En effet, les quatre cas suivants du sin-
gulier, le génitif, le datif, l'accusatif et l'ablatif, s'abrègent
dans tous les pays du monde; ces mêmes cas s'allongent
au pluriel dans tous les pays du monde. Mais le nomi-
natif et le vocatif singulier ne sont allongés que par ceux

qui ont le bon parler; et le nominatif pluriel n'est abrégé que par ceux qui ont aussi le bon parler."

Il dit ailleurs: „Comme les nominatifs singuliers sont moins familiers (*plus salvatge*; plus sauvages) à ceux qui n'ont pas le bon parler, je vous en donnerai des exemples puisés dans les troubadours."

Enfin, après avoir défini ce qu'il entend par allongement, il ajoute: „Si l'on disait *mals fes lo caval*, ce serait mal dit; car le nominatif singulier doit s'allonger, quoique tout homme dise par habitude (*per us*) *mal mi fes lo caval*. Au nominatif pluriel il faut abréger, quoique tout homme dise en beaucoup d'occasions: *Mal mi feron los cavals*."

Ces trois passages prouvent bien clairement que le procédé grammatical en question n'était pas fort populaire, et que le mérite n'en était pas apprécié par tout le monde. Or à coup sûr, s'il avait été d'une utilité notoire pour la clarté du langage, on y aurait eu recours instinctivement. L'emploi ou plutôt l'usage constant de la préposition est né de ce besoin de s'entendre, et de distinguer le sujet du régime indirect. Quant au régime direct, il a à peine besoin d'un signe distinctif; et la preuve, c'est qu'aujourd'hui, dans la langue française, il s'en passe très-facilement. Les phrases comme celle-ci:

Le crime fait la honte et non pas l'échafaud,

reposent sur une ellipse fort intelligible, quoique rare. Personne ne s'avise, que je sache, de supposer que le crime puisse faire l'échafaud.

Ce n'est pas que je veuille défendre la construction de ce vers, ni encore moins nier l'existence des règles que j'ai rassemblées tout à l'heure: je ne saurais donner un pareil démenti à nos deux grammairiens; je prétends seulement que l'admiration philologique à laquelle a donné lieu la connaissance de ces règles, est de l'admiration dépensée en pure perte. Il est impossible d'admettre que toute cette

3*

théorie compliquée a été imaginée de dessein prémédité,
pour le but presque frivole qu'on lui assigne, et qu'elle
n'atteint pas.

Je ne vois dans la théorie de nos deux grammairiens
qu'une application maladroite et forcée du principe latin de
la distinction des cas par la terminaison. Cette imitation
est défectueuse, car elle n'est que partielle. Elle a été
instinctive dans l'origine, et n'a eu d'autre cause que la
prononciation. Plus tard, lorsque la langue parlée est
devenue langue écrite, on a régularisé et érigé en système
ce qui n'était d'abord que le résultat d'une habitude, d'un
usage imposé, pour ainsi dire, par la langue latine.

J'ai démontré tout à l'heure que la méthode des gram-
mairiens vulgaires consistait surtout dans l'imitation des
grammairiens latins. Sur ce point, comme sur beaucoup
d'autres, ils n'ont été qu'imitateurs plus ou moins heureux.
On en a déjà vu la preuve dans ce passage de Faidit:
„Les mots féminins terminés en A se ressemblent à tous
les cas du pluriel, et à tous les cas du singulier, *bien que
ce soit contre la grammaire.*"

Sans doute cette identité de désinences n'était pas
conforme aux lois de la grammaire latine, comme Faidit
le remarque; mais la conformité n'était rien moins que né-
cessaire, car la nouvelle langue, par l'emploi de la prépo-
sition, avait rendu superflue la diversité des terminaisons;
et c'est même parce que ces terminaisons, mal prononcées,
ne distinguaient plus les cas, que l'usage de la préposition
devint général. Mais ce raisonnement n'était pas à la
portée de notre grammairien, qui s'étudiait à retrouver dans
la langue provençale la langue latine tout entière, sans ré-
flexion et sans autre but que l'imitation. Il veut, bon gré,
mal gré, reconnaître six cas en roman, par cela seul qu'il
existe six cas en latin: aussi ne manque-t-il pas de doter
d'un ablatif les noms provençaux qui n'en ont jamais eu,
non plus que les substantifs français. C'est donc bien

gratuitement qu'on lui supposerait l'intention d'avoir voulu
établir une théorie nouvelle et propre à son idiome. Il
n'y a pas songé, pas plus que Raymond Vidal.

Il faut bien remarquer ce passage de Faidit: „Le no-
minatif se reconnaît par LO, le génitif par DE, le datif
par A, l'accusatif par LO. Et ne peut l'accusatif se distin-
guer du nominatif, sinon par ceci, que le nominatif singu-
lier, *quand il est masculin*, veut *s* à la fin." Où est la
règle générale? elle est dans cette proposition: *ne peut*
l'accusatif se distinguer du nominatif. Où est l'exception?
dans la proposition suivante: *sinon*, etc. Notez que cette
exception est soumise elle-même à des exceptions nom-
breuses.

Voilà deux passages du même grammairien conçus
dans un esprit tout différent; là, préoccupé par l'imitation
du latin, il voit dans l'identité de désinences des noms fé-
minins vulgaires une exception, une infraction aux lois de
la grammaire; ici, occupé de l'article, qui est un mot par-
ticulier à son idiôme, il prononce en thèse générale que
l'accusatif ne diffère pas du nominatif, et cela avec raison.
Le *s* final et les doubles formes ne sont autre chose que
des ruines latines, des débris qui encombrent la nouvelle
langue sans aucune utilité. Les deux dialectes romans du midi
et du nord de la France ont été longtemps embarrassés
de ces superfluités et c'est celui qui le premier paraît
s'en être déchargée, qui a étouffé l'autre, en passant ra-
pidement de l'enfance à la virilité.

On a déjà avancé cette opinion; mais une objection
s'est élevée assez spécieuse pour mériter réfutation. On
a dit: le *s* ne s'est pas seulement conservé dans les mots
où il existait originairement; il a été ajouté à d'autres
mots qui n'avaient pas cette lettre finale en latin. — Je
réponds d'abord: on ne l'a pas ajouté à la plupart des
mots latins où il n'existait pas, et qui forment plusieurs
séries d'exceptions à la règle générale, suivant nos gram-

mairiens. En second lieu, si le *s* a été ajouté, c'est par analogie, et par une analogie qui n'a rien que de très-naturel. Presque tous les noms neutres latins, qui n'avaient pas le *s* final (les noms en UM, en E, etc.) sont devenus masculins, en passant dans la langue provençale; ils ont pris par conséquent l'article LO, comme les noms primitivement masculins; et de même qu'ils prenaient l'article LO, ils ont pris le *s* final; c'est une conséquence presque forcée.[1] Jamais les lois de l'analogie, qui président à la formation des langues, ne sont mieux suivies que dans l'enfance de ces langues. Quant aux noms masculins eux-mêmes, ils avaient originairement le *s* pour la plupart; et d'ailleurs c'est bien moins la présence de ce *s* au nominatif singulier que son absence au nominatif pluriel, qu'il faut considérer. — Faidit ne reconnaît que trois déclinaisons; il classe dans la seconde tous les noms qui ne prennent pas le *s au nominatif pluriel*. Or, d'après la division des meilleurs grammairiens latins, la seconde déclinaison comprend des noms masculins, féminins et neutres dont aucun ne prend le *s* au nominatif pluriel.

La conservation du *s* dans les mots où il existait originairement résulte, suivant moi, d'un accident de prononciation. Le *s* est encore aujourd'hui une lettre que les méridionaux prononcent très-volontiers, et font sentir à la fin des mots. Cette consonne a d'ailleurs été de tout temps un instrument euphonique que le peuple affectionne encore, et dont l'emploi abusif constitue ce qu'on a plaisamment appelé *velours*. Si cette prédilection a pu faire conserver le *s* final latin, elle a dû, jointe à l'analogie, en multiplier l'usage. Ce n'est pas ici une pure hypothèse.

---

[1] Faidit remarque très-judicieusement que, suivant la *grammaire*, les noms neutres latins, ou du moins la plupart d'entre eux, ne prennent pas le *s* final. — Voici ses propres expressions: „Hic non sequitur vulgare grammaticam in neutris substantivis, quia secundum grammaticam non debet poni *s* in fine.“

Raymond Vidal ne dit-il pas que certains mots s'allongent à tous les cas par habitude de prononciation, et parce qu'ainsi ils se disent d'une manière plus agréable? Les deux grammairiens s'accordent aussi sur ce point, que tous les adverbes terminés en EN (et il n'y en a guère d'autres) peuvent indifféremment se terminer en EN ou en ENS. C'est encore là une question d'euphonie. Il n'est pas hors de propos de remarquer que Faidit et Raymond Vidal se servent partout des mots *dire, parler*, et nulle part du mot *écrire*. De l'orthographe, il n'en est pas question. Ce qui prouve deux choses: 1º que le *s* final se faisait sentir dans la prononciation (fait qui milite en faveur de la thèse que je soutiens); 2º qu'il n'y avait pas à proprement parler d'orthographe à cette époque, ce qui s'aperçoit de reste à la lecture des manuscrits.

Quelques mots encore sur les noms ou adjectifs à double forme. Ici, dit-on, l'intention de distinguer le sujet du régime se révèle bien nettement. Si le *s* ne s'attachait pas en général à ces sortes de mots, c'est qu'il était inutile. Cette objection ne me paraît pas plus fondée que la première, et voici pourquoi: c'est que tous les mots provençaux à double forme proviennent, à quelques rares exceptions près, des déclinaisons latines imparisyllabiques. Telle est, à mon sens, la vraie cause de ces différences, de ces inégalités dans les divers cas; c'est encore là une ruine latine.

Je reprends l'examen de la grammaire de Faidit. Voici comment il divise les déclinaisons: la première comprend tous les noms et les adjectifs terminés en A, lesquels n'ont qu'une désinence pour le singulier et une autre pour le pluriel. — Tous ces mots sont féminins, à l'exception des suivants: *propheta, gaita, esquiragaita, papa.*

La seconde déclinaison renferme tous les mots, substantifs ou adjectifs, qui ne prennent pas le *s* final au nominatif pluriel.

La troisième se compose de tous les participes terminés en ANS ou en ENS (participes présents), et de tous les noms féminins dont le nominatif singulier et le nominatif pluriel finissent en ATZ. „Je ne trouve pas en Vulgaire, ajoute Faidit, d'autres déclinaisons que ces trois-là.‟

Les mots indéclinables forment une classe à part.

Dans cette division ne sont pas compris nommément les mots féminins en OR et en ON; mais ils rentrent évidemment dans la troisième catégorie avec les noms en ATZ, qui se déclinent de même. M. Raynouard n'a pas cru devoir adopter cette classification, qui paraît cependant très-rationnelle et très-claire, et qui a pour base les règles énoncées plus haut.

La classification des verbes n'est pas moins claire; mais elle était plus facile à établir. Faidit admet quatre conjugaisons, qui se composent, savoir: la première, des verbes en AR; la deuxième, des verbes en ER; la troisième, des verbes en IRE et en ENDRE; la quatrième, des verbes en IR. — Il va sans dire que tous les verbes en RE se rangent dans la troisième conjugaison. M. Raynouard a modifié ainsi cette division:

AR, ER OU RE, IR OU IRE.

Il n'est pas question dans le *Donat provençal* des verbes auxiliaires, au moins d'une manière spéciale; mais l'auteur a rempli cette lacune à l'occasion des verbes passifs, dont la formation, à l'aide des auxiliaires, est expliquée dans le plus grand détail. Il y a trois auxiliaires dans la langue provençale, ainsi que dans la langue française, et non pas deux, comme le dit M. Raynouard, qui confond à tort ESTAR, verbe complet, et ESSER, verbe défectif. Le troisième auxiliaire est AVER.

Faidit conjugue successivement les verbes de chaque classe, en indiquant avec soin les particularités qu'offrent certains temps ou certaines personnes. C'est ainsi qu'il pose les règles suivantes:

„La première personne du présent de l'indicatif est double dans les verbes de la première conjugaison: on peut dire indifféremment *ami* ou *am* (j'aime), *chanti* ou *chan* (je chante), etc."

„C'est une règle générale que la troisième personne du pluriel est double dans tous les verbes et à tous les temps; elle peut se terminer en EN ou en ON."

„La première personne se double dans tous les verbes, au temps présent de l'indicatif seulement; on peut donc dire: *eu senti* ou *eu sens*, *eu dizi* ou *eu dic*; mais il vaut mieux dire le plus court que le plus long."

„Les verbes de toutes les conjugaisons se ressemblent (c'est-à-dire ont une désinence identique) au futur; car tous se terminent ainsi: *amarai*, *ras*, *ara*, *amarem*, *retz*, *ran* ou *amarau*."

„L'impératif des verbes de la première conjugaison se termine en A bref à la seconde personne."

Faidit reconnaît un optatif en roman, et indique les terminaisons qui caractérisent les divers temps de ce mode. Il entre à ce sujet dans de minutieux détails, et fait connaître les formes doubles qu'affectent plusieurs verbes au présent de l'optatif, comme *voler*, qui fait *volgra* ou *volria*; *tener*, qui fait *tengra* ou *tenria*, etc., etc.

Il se borne à indiquer le présent et le prétérit imparfait de l'infinitif. „Quant aux autres temps, dit-il, ils ne sont pas usités en Vulgaire, ou très-peu." Il ajoute: „Je n'ai pas besoin non plus de parler du passif, car il se reconnaît partout par l'emploi de ce verbe: *sum, es, est*, qui veut le nominatif avant et après lui."

„Les verbes de la seconde, de la troisième et de la quatrième conjugaison sont fort divers. Exemple: *eu escriu* ou *eu escrivi*, *tu escrius* ou *tu escrives*, *cel escri* ou *escriu*, etc., etc." Remarquez que, malgré la différence caractéristique des désinences, provenant de l'imitation latine, le grammairien conjugue les verbes avec les pronoms, comme

nous le faisons maintenant. M. Raynouard n'a pas cru
devoir adopter ce système.

Il serait trop long de traduire ici toutes les observa-
tions importantes de Faidit sur les verbes: on pourra les
lire dans le texte, ou dans la grammaire de M. Raynouard,
où elles se trouvent reproduites presque textuellement. Il
n'est pas une règle de quelque valeur qui ait échappé à
la sagacité de notre grammairien, beaucoup plus complet
sous ce rapport que son confrère Raymond Vidal. Il traite
le chapitre des noms et celui des verbes, c'est-à-dire les
deux plus difficiles, de manière à se faire pardonner l'accès
d'amour-propre qui lui prend à la fin de son ouvrage.
Les autres chapitres sont loin d'être aussi satisfaisants;
mais Faidit pensait sans doute comme Raymond Vidal,
que les mots qui n'ont qu'une forme, comme l'adverbe, la
conjonction, la préposition ne méritent pas un examen dé-
taillé. C'est peut-être la raison qui lui a fait omettre com-
plétement la préposition et l'interjection, qui sont mention-
nées seulement pour mémoire dans son énumération des
diverses espèces de mots.

La grammaire de Faidit se termine par un diction-
naire de rimes assez long, qui a fait dire à M. Ray-
nouard:[1] „Ce qui rend le *Donatus Provincialis* un monu-
ment très-précieux et très-utile, c'est qu'il y est joint un
dictionnaire de rimes pour la poésie romane. Non seule-
ment il indique un très-grand nombre de mots romans,
mais encore il présente, dans la plupart des rimes, diffé-
rentes inflexions des verbes, et toutes les terminaisons qui
fournissent les rimes sont distinguées en brèves (*estreit*)
et en longues (*larg*)."

---

[1] *Monum. de la lang. rom.*, p. CLII; *Choix des poésies orig. des troub.*, t. II.

II.

LAS RASOS DE TROBAR.

Raymond Vidal, l'auteur de ce traité, je dirais presque de cet art poétique, si je n'en consultais que le titre, a inscrit son nom en tête de son ouvrage. Il débute par où finit Hugues Faidit, par l'apologie de sa science et de son livre. Mais il se tire de cette tâche difficile avec plus d'esprit que son confrère. Il cherche à deviner les reproches que l'on pourra lui adresser, et les repousse d'avance par des raisonnements qui ne sont pas sans valeur. Il admet du reste qu'il a pu se tromper, manquer de mémoire ou même d'intelligence. On ne peut pas tout savoir, dit-il avec naïveté. Je le laisse parler lui-même.

„Je me suis aperçu, moi Raymond Vidal, et j'ai remarqué que bien peu de gens ont su ou savent la vraie manière de *trouver*; c'est pourquoi je veux faire ce livre pour faire connaître à ceux qui voudront l'apprendre quels sont les troubadours dont les poésies et les enseignements sont les meilleurs. Si je m'étends un peu trop sur certains points, que je pourrais traiter plus brièvement, ne vous en étonnez pas. Les préceptes de la science qui sont exposés trop brièvement prêtent à l'erreur et à la discussion. Aussi je ne me ferai pas scrupule d'allonger tel passage que l'on pourrait abréger. Si j'omets quelque chose, si je me trompe sur quelque point, ce sera peut-être oubli (car je n'ai vu ni entendu toutes choses de ce monde), peut-être aussi sera-ce faute d'intelligence. C'est aux habiles à me reprendre. Il ne manquera pas de gens, je le sais, qui trouveront à redire à mon ouvrage ou qui s'écrieront: „Il aurait dû ajouter ceci ou cela,“ lesquels ne sauraient pas seulement en faire le quart, s'ils ne trouvaient la besogne aussi bien préparée.“

C'est en ces termes que débute notre grammairien.
Il faut avouer que quelques-unes de ses idées sont d'un
grand sens et empruntent un certain charme à la singu-
larité de leur forme. Il y a telle pensée dans ce court
passage qui rappelle des vers de Boileau. Raymond Vi-
dal connaît tout le mérite de la brièveté; mais il craint
l'écueil signalé par le poëte:

> J'évite d'être long et je deviens obscur,

Il ne veut pas:

> Aux Saumaises futurs préparer des tortures.

Enfin sa dernière réflexion n'est que la paraphrase de ce
vers si connu:

> La critique est aisée et l'art est difficile.

L'esprit et le bon sens ne sont pas assez répandus dans
les ouvrages du moyen âge pour ne point mériter l'atten-
tion, quand on les y rencontre. Aussi ne craindrai-je
pas de reproduire ici tout le prologue de cette grammaire,
en m'efforçant de traduire la pensée plutôt que les mots.
Raymond Vidal continue ainsi:

„Après cela, il y aura des habiles qui, quoique mon
ouvrage soit bon, sauront y faire des améliorations ou des
additions. C'est qu'il est très-difficile de trouver une pro-
duction assez savante et assez supérieure, pour qu'un homme
habile ne puisse l'améliorer ou y ajouter. C'est pourquoi
je vous dis qu'il ne faut rien retrancher ni rien ajouter à
une œuvre, dès qu'elle est satisfaisante et qu'elle marche
bien."

Voici d'autres observations qui seraient encore de
mise aujourd'hui:

„Les troubadours sont trompés à l'endroit de leur
science: je vais vous en dire le comment et le pourquoi.
Il y a des gens privés d'entendement, qui, après avoir

écouté une bonne chanson, feront semblant de la com-
prendre fort bien et n'y entendront rien; ils se croiraient
déshonorés s'ils disaient qu'ils n'y entendent rien. Par
ainsi, ils se trompent eux-mêmes; car c'est montrer le
plus grand sens du monde que de demander et de vou-
loir apprendre ce qu'on ne sait pas. Ceux qui ont de
l'entendement, lorsqu'ils ont ouï un mauvais troubadour,
lui feront par politesse l'éloge de sa chanson; et s'ils
ne veulent pas le louer, tout au moins ils ne voudront
pas le critiquer. C'est ainsi que les troubadours sont
trompés; et la faute en est à leurs auditeurs; car c'est un
des plus grands mérites du monde que de savoir louer ce
qu'il faut louer, et blâmer ce qu'il faut blâmer."

„Ceux qui croient être des gens entendus et qui ne
le sont pas, ne veulent pas apprendre par outrecuidance,
et ainsi ils demeurent dans leur erreur. Je ne dis pas
que je puisse rendre habiles et entendus tous les hommes
du monde; mais si je n'ai pas cette prétention, je veux
du moins faire ce livre pour un certain nombre."

Cet avertissement au lecteur du treizième siècle vaut
bien, à mon sens, plus d'une préface de fraîche date;
il se recommande par une franchise et une liberté de
pensée qui ne se cache sous aucune formule de con-
vention. On peut se faire une idée, par ce seul mor-
ceau, de l'auteur et de l'ouvrage. Raymond Vidal n'est
pas seulement un grammairien, comme Faidit; c'est un
littérateur, un critique; il entremêle ses leçons de gram-
maire de préceptes plus relevés sur la composition et le
style, de réflexions sur la *langue limousine*, sur le mérite
absolu et relatif de cet idiome, de considérations sur les
sources de l'inspiration poétique.

Ecoutons ce qu'il dit du gai savoir et de la popula-
rité de la chanson:

„Chrétiens, Juifs et Sarrazins, empereurs, princes
et rois, ducs, comtes et vicomtes, comtors et vavassors,

clercs, bourgeois et vilains, tous, petits et grands, emploient chaque jour leur entendement à *trouvér* et à chanter, soit qu'ils veuillent composer, soit qu'ils veuillent comprendre, soit qu'ils veuillent parler, soit qu'ils veuillent entendre. Il n'est pas de lieu si retiré et si solitaire, dès qu'il y a des hommes, peu ou prou, où l'on n'entende l'un ou l'autre, ou tous ensemble chanter. Les bergers de la montagne n'ont pas de plus grand plaisir que le chant. Tous les malheurs et toutes les joies de ce monde sont chantés par les troubadours, et il n'est pas de trait malin, dès qu'un troubadour l'a mis en rimes, qui ne soit rappelé tous les jours; car *trouver* et chanter c'est ce qui met en mouvement tous les sentiments vifs et élevés."[1])

C'est à peu près ainsi, mais avec beaucoup moins de simplicité, que débutent les *Leys d'amor*. Il est curieux de comparer le ton pédantesque qui règne dans cette introduction, et l'éloge pesant qu'on y fait du gai savoir et de la chanson, avec le style coulant et facile de Raymond Vidal. Voici comment s'exprime l'auteur ou plutôt le compilateur des *Leys d'amors*:

„Comme l'a dit le philosophe, tout le monde veut avoir la science, d'où naît le savoir; car du savoir naît l'instruction, de l'instruction, le sens, du sens, le bien-faire, du bien-faire, le mérite, du mérite, la louange, de la louange, l'honneur, de l'honneur, l'estime, de l'estime, le plaisir, et du plaisir, la joie et l'allégresse. Or, comme l'a dit Caton et comme le prouve l'expérience, tout homme avec la joie et l'allégresse, supporte et endure mieux dans l'occasion toute espèce de peine, c'est-à-dire toutes les misères, toutes les angoisses

---

[1]) Il y a dans le texte: „car trobar et chantar sont movemens de totas galliardias." Il faut désespérer de traduire de semblables phrases. J'ai essayé vainement de rendre toute l'étendue du mot *galliardias*, qui est loin de signifier *gaillardises*, dans le sens que nous donnons à cette expression.

et les tribulations par lesquelles il nous faut passer
dans cette vie. Généralement avec la joie et l'allégresse,
l'homme devient meilleur dans ses actions, et sa vie
est plus régulière que lorsqu'elle s'écoule dans la tris-
tesse. En effet, de même que la joie et l'allégresse
réconfortent le cœur et nourrissent le corps, conservent
l'énergie des cinq sens, le jugement, l'intelligence et la
mémoire, de même le chagrin et la tristesse absorbent
le cœur, flétrissent le corps, dessèchent les os et détruisent
les facultés susdites. D'ailleurs, il plaît à Dieu, notre
souverain maître, seigneur et créateur, que l'on se voue à
son service avec joie et allégresse de cœur, suivant le
témoignage du Psalmiste qui dit: „Chantez et réjouissez-
vous en Dieu!"[1])

Cet éloge de la gaie science était évidemment son
oraison funèbre; il n'y manque rien pour le rendre digne
de la chaire, pas même le texte sacré dont il offre le
développement lugubre. C'est pourtant par des gaillar-
dises de cette légèreté que les sept bourgeois toulou-
sains, fondateurs des jeux Floraux, espéraient faire

---

[1]) Segon que dis lo philosophs, tut li home del mon desiron
haver sciensa, de la qual nays sabers, de saber conoyssensa, de co-
noyssensa sens, de sen be far, de be far valors, de valor lauzors, de
lauzor honors, d'honor pretz, de pretz plazers, et de plazer gaug et
alegriers. E car segon que dits Catos, e certa experiensa ho mostra,
tots homs ab gaug ed alegrier, quan locs e temps ho requier, porta
mielhs e suefri tot maniera de trabalh, so es a saber las miserias, las
angustias, e las tribulacios per las quals nos cove passar en la pre-
sen vida; e regularmen ab aytal gaug e alegrier hom en deve miels
en sos bos fayts, e sa vida melhura trop miels que ab tristicia. Qar
aissi com gaug e alegriers cofortal cor, e noyris lo cors, conserva la
vertut dels .v. sens corporals el sen, l'entendement et la memoria,
ayssi ira, e tristicia cofon lo cor, gasta lo cors et segals osses, e
destru las ditas vertuts. E quar a Deu nostre sobira maestre, senhor
e creator platz qu'om fassa lo sieu servezi ab gaug ed ab alegrier
de cor, segon que fa testimoni lo Psalmista que dits: *Cantats, e
alegrats vos en Deu.*

revivre le gai savoir et les amours. Si quelque trouba-
dour se fût avisé, aux beaux temps de la poésie pro-
vençale, de réciter pareil sermon devant la comtesse de
Die ou la comtesse de Narbonne, on l'eût à coup sûr
traduit devant une cour d'amour, et jugé sévèrement
comme un méchant, capable d'attrister toute la Langue
d'oc. Mais à l'époque où s'écrivait ce morceau didactique,
les vrais troubadours n'existaient plus, et, pour parler le
langage du poëte auquel ils doivent tant, — les chants
avaient cessé!

J'ai dit que Raymond Vidal donnait sur son idiome
de précieux renseignements, qu'il en appréciait le mérite
absolu et relatif. Il en trace aussi la géographie, en
lui donnant le nom de *langue limousine.* Cette dénomina-
tion est connue; elle est employée par les auteurs espagnols
et italiens; mais je ne sache pas qu'on la trouve dans
les écrivains français du moyen âge. Ducange dit à ce
sujet:

At quam Romanam nostri, Limosinam appellavere
non modo Itali, sed et Hispani præsertim, apud quos diu
in usu fuit. etc.[1])

„Par langue limousine, il faut entendre, dit Raymond Vi-
dal, celle que l'on parle en Limousin, en Provence, en Au-
vergne et en Quercy. Aussi, ajoute-il, quand je parlerai du
Limousin, il faudra entendre tous ces pays, et tous les
pays voisins et intermédiaires. Tous ceux qui sont
nés et qui ont été élevés dans ces pays ont le parler
naturel et régulier; à moins toutefois que l'un d'eux ne
s'en écarte pour le besoin de la rime ou pour toute
autre cause. Celui-là est le plus instruit qui se soumet
aux règles du langage. Du reste, ceux qui le font dévier
et qui le dénaturent ne croient pas faire aussi mal qu'ils
font: ils s'imaginent parler encore leur langue.“

---

[1]) *Præfat. ad Gloss. med. et infim. lat.,* p. XXXVIII.

Ces détails géographiques sont d'un grand intérêt: ils prouvent que la langue romane du midi de la France se divisait en plusieurs dialectes, ce qui n'a pas été établi jusqu'ici. En revanche, on a beaucoup discuté sur la question de savoir si la langue d'oc l'emportait sur la langue d'oil, et sur cet autre problème, beaucoup plus intéressant: la littérature du Midi a-t-elle précédé celle du Nord? la seconde doit-elle quelque chose à la première? etc., etc. Raymond Vidal pourra peut-être, d'une manière indirecte, éclairer cette matière litigieuse, et son jugement ne sera pas suspect de partialité.

„La langue française vaut mieux, dit-il, et est plus agréable pour faire *romans* et *pastourelles*; mais celle du Limousin est préférable pour faire *vers*,[1] *chansons* et *sirventes*. Dans tous les pays de notre langage, les chants en langue limousine jouissent d'une plus grande autorité que ceux d'aucun autre idiome.“

Ce passage si clair et si net me paraît d'une grande importance. Il y est fait une large part à la langue française, et par qui? par un enfant du midi, il faut bien le remarquer, par un littérateur qui paraît avoir été versé dans la connaissance des deux langues. Ce n'est pas là ce *patriotisme de clocher* qui, depuis un certain temps, a percé trop souvent dans la science. Qu'on lise tous les ouvrages de philologie du moyen âge publiés depuis un demi-siècle, il en est peu qui renferment un jugement aussi impartial; il n'en est pas un peut-être qui, par ses tendances ou par son but avoué, ne puisse servir à la biographie de son auteur, en indiquant à point nommé le pays qui l'a vu naître, et jusqu'à la province à laquelle il doit le jour. Les

---

[1] *Vers*, du latin *versus*. Ce mot ne doit pas être pris dans le sens qu'il avait quelquefois en latin et qu'il a en français; il désigne une espèce de poésie qui portait ce nom. C'est ici une expression technique de la poétique provençale.

4

exemples seraient faciles à citer; mais la liste en pourrait
sembler trop longue.

L'opinion de Raymond Vidal acquiert d'autant plus
de poids, et mérite un examen d'autant plus sérieux,
qu'il fait preuve d'un savoir et d'un goût vraiment remar-
quables pour son temps. Le passage suivant, qui ren-
ferme implicitement une définition fort exacte du mot
dialecte, alors inusité, prouve que notre grammairien, s'il
ignorait le mot, se faisait une juste idée de la chose:

„Il y a des gens qui prétendent que les mots *porta*,
pan et *vin*[1]) ne sont pas limousins, parce qu'on ne les dit
pas seulement en Limousin, mais aussi dans d'autres pays.
Ces gens-là ne savent ce qu'ils disent; car tous les mots
que l'on *dit* en Limousin *autrement* que dans les autres
pays, tous ces mots, sont propres au Limousin.“

En d'autres termes, c'est la différence de prononcia-
tion qui constitue les dialectes, et qui fait que tel mot,
prononcé d'une certaine façon, est propre à certain idiome,
bien que ce mot se trouve, sous des formes différentes
(*d'autras guisas*), dans un ou dans plusieurs autres idiomes.

Voici encore une observation du même genre:

„Tous ceux qui disent *amis* pour *amics* et *mei* pour
me font une faute. C'est encore une faute de dire:
mantenir, *contenir*, *retenir*; car ce sont là des mots fran-
çais, qu'on ne doit pas mêler à la langue limousine, pas
plus qu'aucun autre mot irrégulier.“[2])

Ces détails minutieux se trouvent à la fin de la gram-
maire de Vidal, à peu près comme les dictionnaires
de locutions vicieuses terminent souvent aujourd'hui les
traités de ce genre. Et de même que nos auteurs de
rudiments se donnent volontiers le plaisir de relever dans

---

[1]) Porte, pain, vin.

[2]) Il y a dans le texte *paraulas biaisas*, des mots de biais, c'est-
à-dire des mots qui n'ont pas la forme régulière. L'adjectif roman
biais, *biaisa* a été omis par M. Raynouard dans son *Lexique*.

un écrivain classique quelques peccadilles grammaticales, ainsi Raymond Vidal note soigneusement plusieurs fautes de langue échappées aux plus célèbres troubadours, à Bernard de Ventadour, par exemple, auquel il reproche précisément l'emploi du mot *amis*, qui est français. Le fameux Pierre Vidal, son homonyme, peut-être son père, est accusé par lui d'avoir dit *galisc* pour *galesc*. Toutefois il ne s'exagère pas l'importance de ces fautes; il en cherche même la cause avec bonne foi: „Je crois bien, dit-il, que ces mots peuvent avoir cours dans certains pays, où l'on s'en sert naturellement, (*per la natura de la terra*), mais ce n'est pas une raison pour qu'un homme entendu et qui a de l'instruction parle de travers et dise mal."

Encore une fois, toutes ces observations attestent un esprit juste, exercé, et une délicatesse de critique qu'on n'est pas disposé à prêter à un écrivain didactique du treizième siècle. Quelle différence entre Raymond Vidal et son confrère Faidit! Ce dernier est un grammairien complet, c'est-à-dire exact et lourd: il est savant, si j'ose ainsi parler, mais il a grand peine à rien concevoir de lui-même. Vidal n'est pas moins savant: il cite aussi la grammaire latine, mais il ne la calque pas, et en général il la rappelle avec discernement. De plus, il sait ses troubadours. Il a une érudition nationale, si l'on peut dire, et c'est par là surtout qu'il l'emporte sur Faidit; c'est par là qu'il se montre neuf et original. Au lieu de dogmatiser avec la science d'autrui, et de comparer à tout propos et hors de propos l'idiome vulgaire à la langue latine, il cite à l'appui de chaque règle importante un ou plusieurs passages empruntés aux troubadours du Limousin, de l'Auvergne ou du Quercy, à Bernard de Ventadour, à Giraud de Borneil, à Peyrols. Qu'a-t-on fait de plus et de mieux depuis?

„Pour moi, dit-il, quand j'entends parler des gens de ce pays, de ceux qui ont un langage reconnu bon, mais

qui se gâtent et se servent de mauvais termes, je leur
demande où les bons troubadours les ont employés."

Mais, s'il considère les ouvrages des bons auteurs
comme les vraies sources du langage pur, il ne s'aveugle
pas sur les fautes qu'on y peut trouver, et ne se gène
guère pour en dire son opinion. Nous l'avons vu déjà
relever des expressions étrangères ou vicieuses dans les
poésies de Pierre Vidal et de Bernard de Ventadour.
Il ne les tient pas quittes pour si peu, et les tance
vertement au sujet de certains temps des verbes dont
les flexions ne leur étaient pas très-familières, à ce qu'il
paraît, non plus qu'au grand nombre des troubadours.
Ils confondaient fréquemment, suivant notre grammairien,
la troisième personne du singulier du présent de l'indi-
catif avec la première, sur quoi il leur donne la leçon
suivante:

„Vous devez savoir que *trai*, *atrai*, *estrai*, *retrai*,
sont du présent de l'indicatif, et de la troisième per-
sonne du singulier. On doit les employer ainsi, et dire
par exemple: *aqel trai lo caval de l'estable* (il tire le
cheval de l'étable), ou: *aqel retrai bonas novas* (il rap-
porte de bonnes nouvelles), ou encore: *aqel s'estrai d'aco
qe a convengut* (il s'écarte de ce dont il est convenu),
et enfin: *aquel atrai gran ben al sieu* (il joint un grand
bien au sien). A la première personne on dit: *Ieu
trac lo caval de l'estable* (je tire le cheval de l'étable);
etc., etc."

Ce passage, fort utile pour les troubadours qui ne
savaient pas leurs conjugaisons, est aussi de quelque
intérêt pour nous, en ce qu'il précise par des exemples
simples et clairs, le sens du verbe *traire* et de trois
de ses dérivés, lesquels ne sont pas toujours d'une intel-
ligence facile, malgré la connaissance de leur étymologie.
C'est pour corriger les troubadours, que Vidal s'est donné
la peine d'établir la distinction qui précède; il a avancé

que bon nombre d'entre eux s'étaient mépris sur ce point:
fidèle à son système, il cite en preuve de cette assertion,
des vers de Bernard de Ventadour, et les cite en indi-
quant, comme on le fait encore, le premier vers de la
pièce à laquelle il les emprunte. Les manuscrits des trou-
badours accusent toutes les fautes qu'il signale, et pour
une bonne raison, c'est que ces fautes sont dues aux
exigences de la rime. On sait que les poëtes de l'époque
n'étaient pas fort scrupuleux à cet endroit; mais Raymond
Vidal est intraitable, et ne veut pas que la grammaire se
prête, même en poésie, à des concessions qui la désho-
norent.

　　　La rime est une esclave, et ne doit qu'obeïr.

　　Il le dit, ou peu s'en faut: „Bien des gens objec-
teront peut-être qu'avec *trac* et *retrac* la rime n'irait
pas. A ces gens là on peut répondre que c'est au
troubadour à chercher des rimes qui ne soient pas irré-
gulières, et qui ne faussent pas les personnes des verbes."

　　Si l'on peut penser que Raymond Vidal en signa-
lant, dans son prologue, les inconvénients d'une trop
grande brièveté, se rappelait le *brevis esse laboro* d'Ho-
race, on ne croira sans doute pas que ce précepte,
relatif à la rime, soit une réminiscence. Raymond Vi-
dal y tient, et avec raison; il en reproche l'oubli à
Giraud de Borneil, *dans une bonne chanson*, à Peyrols,
à Pierre Vidal, et au troubadour-évêque, à Folquet de
Marseille lui-même. „Je vous ai prouvé, ajoute-t-il,
que beaucoup de bons troubadours ont fait des fautes:
que cela vous serve de leçon. Gardez-vous des mauvais.
C'est bien assez des expressions vicieuses que l'on pour-
rait rencontrer dans les meilleurs, si l'on voulait bien les y
chercher."

　　Notre grammairien termine son traité par des obser-
vations générales, par des conseils aux poëtes, qui valent
la peine d'être appréciés.

„On doit se garder, dit-il, de faire une chanson ou un roman dans un langage incorrect ou en mélangeant des mots de deux idiomes."

Avec de tels principes, que devait-il penser de ce *descort* de Rambaud de Vaqueiras, où, selon Crescimbéni,[1] la première stance est en provençal, la deuxième en toscan, la troisième en français, la quatrième en gascon, la cinquième en espagnol et la sixième en ces cinq idiomes mélangés? Il n'en aurait pas eu meilleure opinion, quand il n'y aurait vu, comme M. Daunou, „que du provençal entremêlé d'expressions empruntées à d'autres langues, à peu près comme dans les poëmes macaroniques, où la phrase latine est parsemée de mots étrangers."[2]

Raymond Vidal ne se borne pas à donner des leçons de grammaire aux meilleurs troubadours; il ne leur enseigne pas seulement l'art de parler correctement, il appelle encore leur attention sur les règles de la composition. Il veut de l'unité, de la suite dans les chansons comme dans les romans, dans les idées comme dans le style; et certes le précepte est bon. Plût à Dieu que les poëtes du moyen-âge l'eussent toujours suivi! Mais ce qui me parait moins bon et tant soit peu contestable, c'est le reproche que Raymond Vidal adresse sur ce point à l'un des plus célèbres troubadours.

Il s'avise de trouver mauvais et contraire à la saine logique le trait suivant de Bernard de Ventadour. Ce troubadour, comme il arrivait souvent à ses confrères en poésie et en amour, eut à se plaindre un jour des rigueurs de sa dame. De là une chanson; car les troubadours

---

[1] *Istor. della volg. poes.*, t. II. *Vite de poet. prov.*, p. 56.
[2] *Disc. sur l'état des lettres au treizième siècle. Hist. litt. de la France*, t. XVI, p. 202.

chantaient leurs peines comme leurs plaisirs, et aussi
volontiers. [1]

Jusque-là tout est conforme aux us et coutumes de
l'époque. Voici le mal: „Dans les quatre premiers couplets
de cette chanson, dit Vidal, Bernard de Ventadour répète
qu'il aime tant sa dame, que pour rien il ne s'en pour-
rait séparer, et ne s'en séparerait. Et dans le cinquième
couplet (notez bien ceci), dans le cinquième couplet, il dit:
Me voici maintenant échu en partage aux autres femmes;
l'une d'elles peut, si bon lui semble, me prendre à son
service.“ [2]

C'est là ce que Raymond Vidal appelle défaut de
suite. [3] Sans doute; mais à qui s'en prendre? au poëte
ou à l'amant? Le mouvement est brusque; je l'avoue;
la transition n'est pas ménagée; d'accord. Mais c'est
affaire d'amour, qui échappe à la critique littéraire, même
dans une chanson. Il semble que Raymond Vidal n'avait
pas médité sur le sentiment comme sur les conjugaisons,
qu'il n'en connaissait pas tous les modes et toutes les
variations. Le trait final du poëte, qui ne trouve pas
grâce aux yeux du sévère grammairien, n'est qu'une bou-
tade, une feinte du troubadour, qui veut piquer au vif la
jalousie de sa dame; c'est peut-être le résultat soudain
d'un de ces accès de dépit qui surviennent au milieu des
transports de la plus vive passion. Molière, qui savait
tous les secrets du cœur, a mis dans la bouche d'Al-
ceste poussé à bout par les coquetteries de Célimène
un langage analogue à celui de Bernard de Ventadour.

---

[1] Cette chanson est celle qui commence par ce vers:
   Ben m'an perdut de lai vas Ventedor.

[2]   A las autras sui ueimais eschagutz
   Car unam pot, sis vol, a son ops traire.

[3] Razons mal continuadas et mal seguidas.

Alceste ne s'écrie pas, il est vrai: me voici à la disposition des autres femmes; mais il va trouver Éliante et lui dit:

> Vengez-moi de ce trait qui doit vous faire horreur!
>
> ÉLIANTE.
>
> Moi, vous venger? comment!
>
> ALCESTE.
>
> En recevant mon cœur.[1]

Bernard de Ventadour, soit dit en passant, se permet souvent dans ses poésies ces sorties brusques et ces palinodies inattendues; mais il commence d'ordinaire par des doléances et des menaces, et finit par des protestations d'amour, ce qui est plus naturel. La chanson *Estat ai cum hom esperdutz*[2] est un exemple assez curieux de ce genre de rétractation. Elle se termine d'une façon très-tendre, bien que le second couplet soit tout-à-fait dans le style de celui qui encourt le blâme de Raymond Vidal.

„Je m'étais rendu à une dame, dit le poëte, qui ne m'aima jamais de cœur; et je m'en suis aperçu un peu tard. Oui, j'ai perdu mon temps dans un fol espoir; mais patience! Je suivrai son exemple: je serai l'amant de qui bon me semblera; j'irai partout porter mes hommages et l'inconstance de ma cœur.‟

On peut trouver à redire, comme Raymond Vidal nous l'a prouvé, à ces revirements soudains; mais à coup sûr un tel procédé est plus innocent que celui dont Rambaud d'Orange recommande l'emploi aux amants maltraités.

„Voulez-vous gagner des dames? dit ce troubadour en belle humeur. Quand vous leur demanderez de vous faire honneur, si elles vous font une réponse défavorable, si elles se montrent avares de leur amour, prenez-vous

---

[1] Misanthrope, acte IV, sc. II.

[2] Voyez le *Lexique roman* de M. Raynouard, t. I (*Choix de poésies*), p. 329.

à les menacer; que si elles vous font une réponse pire,
donnez-leur du poing par le nez!" [1])

III.

NOTICE DES MANUSCRITS, OBSERVATIONS.

Les manuscrits qui renferment ces grammaires sont
au nombre de cinq, dont trois sont conservés à Florence,
un à Milan et le dernier à Paris. En voici l'indication
et la description.

MANUSCRITS DE FLORENCE.

I. Bibliothèque Laurentienne, Ms. du fonds de *Santa
Maria del Fiore*, No. 187, in-8°., relié en bois recouvert
de veau rouge. Titre frappé au dos: *Donatus provincialis,
ms. mbr. sæc. XIII.* Vélin, 33 feuillets, écriture à longues
lignes de la seconde moitié du treizième siècle.

Ce manuscrit contient le texte provençal de la gram-
maire de Hugues Faidit avec traduction latine interlinéaire.
Il suffit d'un coup d'œil pour reconnaître que le provençal
est l'original. D'abord l'écriture en est plus grosse du
double que celle du latin, et, en second lieu, le traducteur
se borne, lorsque le texte indique des désinences, à placer
au-dessous de ces désinences, qu'il ne reproduit pas, les
mots *sic* ou *hoc*, comme, par exemple, dans ce passage:

> Posc   dir *ami*, o   posc   dir *am,*
> possum dicere *sic*, vel possum dicere *sic.*

Une note, encadrée en rouge, qui se lit à la marge
du fol. 8 r°., et qui est de la même main que le manus-
crit, résout encore mieux la question. Elle est ainsi con-

---

[1]) Rambaud d'Orange: *Assatz sai d'amor.* (Raynouard, Lex.,
T. I, p. 325.)

çue: *credo quod velit dicere:* m'o volges Deus que ages
estat amat. Cette glose se rapporte au passage du texte:
per mo vol eu agues estat amat.[1])

Ce manuscrit de la grammaire de Hugues Faidit est
le plus ancien et le meilleur. Il prouve, par l'écriture,
que l'ouvrage est du XIIIe siècle, et par les raisons que
je viens d'en tirer, que cette grammaire, écrite en pro-
vençal, a été traduite en latin par un autre que l'auteur,
qui n'eut pas pu s'exprimer ainsi en parlant de lui-même:
credo quod velit dicere.

Le *Donat provençal* se termine au fol. 28 v⁰. Du
fol. 29 au fol. 32 se lisent: *li. IIII. zapitres de garder
les dens e les gengives.* Ce sont des recettes comme on
en trouve dans tant de manuscrits du moyen-âge. Au
feuillet 33e et dernier se trouvent d'autres recettes
en italien, dont l'écriture, quoique un peu négligée, semble
encore appartenir au treizième siècle.

II. Bibliothèque Laurentienne, Plut. XLI No. 42. —
Ms. in-4⁰. Vélin, 92 feuillets. Reliure en bois recouvert
de veau rouge, à fermoirs et à coins de cuivre ouvragé.
Titre frappé sur l'un des plats: *Rime provenzali.* Écriture
à deux et à trois colonnes, du commencement du quator-
zième siècle. (le manuscrit est daté de 1310.) Initiales
ornées.

Ce manuscrit contient:

1⁰. Du fol. 1 au fol. 38, 123 pièces provençales de
divers troubadours.

2⁰. Du fol. 39 au fol. 52, les biographies en proven-
çal des principaux troubadours, à commencer par celle de
Gaucelm Faidit, qui est incomplète.

3⁰. Du fol. 55 au fol. 66 r⁰. (53 et 54 blancs). des
sentences en vers provençaux, huitains, quatrains, distiques

---

[1]) V. ci-après p. 18.

et quelques *coblas esparsas*, comme celle-ci: *cobla de Messer Sordel q'era malad.*

4⁰. Du fol. 67 au fol. 78, la grammaire de Hugues Faidit, en latin seulement, depuis le commencement jusqu'à la rubrique LI VERBE DE LA PRIMIERA CONJUGAZO. [1] La nomenclature des verbes qui vient ensuite est provençale et latine, traduction en regard du texte; il en est de même du dictionnaire de rimes. Les règles ou observations qui entrecoupent ces deux parties de l'ouvrage sont en provençal, avec traduction interlinéaire, texte à l'encre noire, traduction à l'encre rouge.

5⁰. Aux fol. 78 et 79 r⁰., un petit glossaire de mots provençaux traduits en italien.

6⁰. Du fol. 79 v⁰. au fol. 83 v⁰. col. 1., la grammaire de Raymond Vidal, à la suite de laquelle on lit cette mention: *Petrus Berzoli de Eugubio fecit hoc opus. Deo gratias, amen,* ce qui ne peut s'entendre que d'un copiste ou compilateur qui aura réuni dans ce manuscrit les divers ouvrages ci-dessus indiqués.

7⁰. Aux fol. 83 v⁰. col. 2 et 84 r⁰. et v⁰., une petite pièce en vers français, portant ce titre latin: *incipit tractatus de bonitate et malitia mulierum*, commençant en ces termes:

> Qui fame prent in compagnie
> Oiez s'il fait sens ou follie

et finissant par ces deux vers:

> Feme, quant home plus la gaite,
> fai la chose qui plus l'aaite.

8⁰. Du fol. 86 au fol. 93 et dernier, un ouvrage en prose française, sous ce titre: *ci comincie le livre de moralitez.*

---

[1] V. ci-après, p. 28.

Commencement: *Talan m'est pris que je récontaisse l'ensegnement des filosofes.* fin: *car tuit nostre féz sunt devant li oils au juge connoissant totes choses.* et plus bas: *ici fenist li livres de Seneques de moralitez, extrahit de latin en romains. Deo gratias, amen. anno domini millesimo tricentesimo decimo, indictione VIII., tempore domini Clementis pape V, die XXVIII mensis martii.*

III. Bibliothèque Riccardi, Nº. 2814. Ms. in-4º, relié en parchemin, intitulé: *Rime provenzali. — Grammatica provenzale.*

Ce manuscrit n'est qu'un recueil de copies modernes; (fin du seizième ou commencement du dix-septième siècle;) il ne m'en a pas été moins précieux. Il se compose de trois parties bien distinctes:

La première et la deuxième partie renferment des poésies provençales, dont les copies ont été tirées de deux manuscrits différents l'un de l'autre, et aujourd'hui perdus, à ce que je crois.

La troisième partie, de 39 feuillets, contient:

1º. du fol. 1 au fol 15, le texte provençal seulement de la grammaire de Hugues Faidit, mais incomplet par la fin.

2º. du fol. 15 au fol. 28 vº, le traité de Raymond Vidal, aussi incomplet par la fin.

En tête du *Donat provençal* se lit le titre que j'ai reproduit ci-après: *aquest es lo Donatz proensals faitz per la raizo de trobar.*

Le traité de Raymond Vidal est intitulé: *las rasos de trobar de R. Vidal.*

Par ces titres, qui ne se trouvent nulle part ailleurs, et par la lecture des deux copies, on reconnaît aisément que les manuscrits sur lesquels elles ont été faites différaient de ceux que l'on connaît encore.

J'avais emprunté à Bastero le titre que j'ai donné,

dans ma première édition, à la grammaire de Raymond
Vidal: *La dreita maniera de trobar.* [1]) Je ne l'ai retrouvé
dans aucun manuscrit; c'est pourquoi je le remplace par
celui que me fournit le manuscrit Riccardi.

MANUSCRIT DE MILAN.

Bibliothèque ambrosienne, D. 465, p. infer. petit in-
folio, papier.

C'est un recueil moderne, une sorte de portefeuille de
quelque savant italien du dix-septième siècle. Il renferme
39 articles divers, parmi lesquels six intéressent la littéra-
ture provençale. Je n'ai à m'occuper ici que des trois
numéros ci-après:

Le No. 26 débute par cet intitulé: *Incipit liber quem
composuit Ugo Faiditus* etc. [2]) Suit une traduction italienne
du *Donat provençal.* On lit à la marge: *l'originale in lin-
gua provenzale* al No. 35.

Le No. 35 porte ce titre: *Donato prodensal,* à la suite
duquel est répétée la mention ci-dessus: *incipit liber etc.,*
suivie elle-même du texte provençal de la grammaire de
Faidit.

Ce texte est, en général, très-fautif, et laisse encore
plus à désirer que celui de ma première édition; je n'ai
pas laissé, cependant, d'y recueillir çà et là quelques bonnes
leçons et même quelques additions.

Sous le No. 36, se trouve une seconde traduction ita-
lienne du *Donat provençal,* faite, comme la première, sur
le texte du No. 35. J'en juge par des passages qui se
trouvent dans ce texte, qui sont reproduits par les deux
traductions, et qui manquent dans les manuscrits de Flo-
rence et de Paris.

---

[1]) Voici le passage de Bastero, (crusca provenzale, p. 5.) dont
je m'étais autorisé: „*Ramondo Vidal, nel suo libro titolato:* la dreita
maniera de trobar, (*la diritta maniera di trovare, cioè poetare.*)
[2]) V. ci-après p. 65.

MANUSCRIT DE PARIS.

Bibliothèque Impériale, ancien fonds latin, 7534, petit in-fol., papier, 65 feuillets.

C'est le seul de nos cinq manuscrits qui ne se trouve point en Italie; mais il est d'origine italienne, comme l'indiquent à première vue le papier et l'écriture; d'ailleurs, il provient de Mazarin. Enfin, ce n'est qu'une copie de la partie provençale du manuscrit de la Laurentienne, plut. XLI, N°. 42, que je viens de décrire. Il contient, comme ce manuscrit: 1°. le *Donat provençal*, (en latin seulement jusqu'à la nomenclature des verbes, en provençal avec traduction latine pour le reste.) 2°. le traité de Raymond Vidal. 3°. le petit glossaire provençal italien mentionné ci-dessus. Le tout se termine par la note déjà rapportée: *Petrus Berzoli de Eugubio fecit hoc opus.*

Tout ce que je puis dire de cette copie c'est que celui qui l'a faite a ajouté ses erreurs à celles du scribe auquel on doit l'original.

Le texte que j'ai tiré de ces cinq manuscrits, à moins qu'on en découvre quelque autre plus correct, pourra, je l'espère, être considéré comme définitif.

J'ai persisté à ne point suivre pour l'impression de ce texte le système imaginé par M. Raynouard, qui reconnaît un article *el*, dont je ne saurais admettre l'existence en provençal, et qui détache ce qu'il appelle *affixes* des mots sans lesquels on ne peut les prononcer. Il serait trop long de déduire ici les motifs qui m'ont déterminé à rejeter ce système: je me propose de le faire ailleurs avec tout le respect que je dois à mon ancien et excellent maître, mais avec toute l'indépendance qu'exige la discussion des questions scientifiques.

Il ne me reste qu'à indiquer les ouvrages où il est fait mention des deux grammaires ou de l'une d'elles, les

auteurs qui en ont invoqué l'autorité, et les témoignages
qui s'y rapportent. Avant qu'elles fussent connues en
France de Sainte-Palaye et de M. Raynouard, ces gram-
maires avaient été consultées par plusieurs savants italiens;
par Ubaldini, qui cite le *Donat provençal* dans la table
des *Documenti d'amore* de Barberini; [1]) par Redi, l'un des
membres de l'académie de la Crusca, qui s'en autorise
souvent dans les savantes notes de son dithyrambe *Bacco
in Toscana;* [2]) par Salvini, qui y renvoie dans ses commen-
taires sur Pétrarque; [3]) par Crescimbeni, qui en rapporte
quelques passages, et qui en avait une copie; [4]) enfin, par
Bastero, qui en cite plusieurs fragments assez étendus, [5])
et qui dit du *Donat provençal: questa nostra gramatica credo
che sia la prima che sia stata fatta tra le lingue volgari.*

J'ai avancé un peu légèrement, dans la préface de ma
première édition, que Sainte-Palaye n'avait connu d'autre
manuscrit que celui de Paris. Comment ne pas le croire? je
ne retrouvais point de copie de nos deux grammaires dans
les immenses recueils de ce grand et curieux compilateur.
Comment penser qu'il eut pu manquer de les faire trans-
crire? En y regardant de plus près aujourd'hui, je ne
retrouve pas davantage ces copies, mais une note de Sainte-
Palaye m'indique qu'un autre savant, M. de Mazaugues,
avait fait copier les deux manuscrits aujourd'hui conservés
à la Laurentienne. Sur les copies de M. de Mazaugues
Sainte-Palaye en fit faire d'autres pour lui. Que sont de-
venues les unes et les autres? Voilà ce que je ne saurais

---

[1]) Federigo Ubaldini, tavol. docum. amor. Barberin. aux mots
accolto, atiera, bigordare, gautata, moscare, ostare trovare, etc.

[2]) Francesco Redi, Bacco in Toscana, *Ditir. con le annotazioni,*
fogl. 111, 194, 252, 253, 254, 256 et 262. — Napoli 1687; in-12.

[3]) Anton Maria Salvini, *Pros. Toscan.,* lez. 24, car. 312.

[4]) *Istor. della volg. poes.,* vol. II, part. I, p. 27 et 71.

[5]) *Crusca provenzale,* p. 2, 5, 14, 109 et 110.

dire. Mais je dois faire remarquer qu'il ne serait plus
juste de répéter avec M. Fortoul[1]) que Sainte-Palaye avait
passé auprès de ces deux monuments sans les aper-
cevoir.

---

[1]) *Etude sur les troubadours,* dans les *Etudes d'archéologie et
d'histoire,* T. II, p. 62.

DÉSIGNATION DES MANUSCRITS.

L. 187. désigne le Ms. de la Laurentienne qui fait partie du fonds
de *Santa Maria del Fiore.*

L. 42. désigne le Ms. de la même bibliothèque No: 42 du *pluteus* 41.

R. le Ms. Riccardi.

Les autres manuscrits, rarement cités, sont indiqués en toutes
lettres.

DONATZ PROENSALS.

DONATUS PROVINCIALIS.

AQUEST ES LO DONATZ PROENSALS FAITZ PER LA RAIZO DE TROBAR.[1]

Las oit partz que om troba en gramatica, troba om en vulgar proensal so es: NOM, PRONOM, VERBE, ADVERBE, PARTICIP, CONJUNCTIOS, PREPOSITIOS, INTERJECTIOS.

NOM es apelatz per zo que significa substantia ab propria qualitat o ab comuna; e largamen[2] totas las causas a lasquals Adams pauset noms poden esser noms apelladas. El noms a cinq causas: SPECIES, GENUS, NOMBRE, FIGURA, CAS.

SPECIES[3] o es primitiva o es derivativa. Primitius es apelatz lo noms que es per se, e non es vengutz d'alqun nom ni d'alqun verb, si cum es *bontats*. Derivatius nom es aquel que ven d'altre loc, si cum *bos* que ven de *bontat*, que bos non pot hom esser ses bontat.

GENUS es de cinq maneras: masculis, feminis, neutris, comus, omnis. Masculis es aquel que perten a las masclas causas solamen, si cum *bons*, *mals*, *fals*. Feminis es aquel que perten a las causas feminils solamen, si cum *bona*, *bela*, *mala* e *falsa*. Neutris es aquel que no perten a l'un ni a l'autre, si cum *gaugz* e *bes*. Mas aici no sec lo vulgars la gramatica els neutris substantius, ans se dizen aici cum se fossen masculi, si cum aici: „grans es lo bes que aquest m'a fait." e „grans es lo mals que m'es vengutz de lui." Comun son aquelh que pertenen al mascle e al feme ensems, si cum son li participi que fenissen in ANS o in ENS;[4] q'eu posc dire: „aquestz cavalers es presans — aquesta

---

[1] Ce titre ne se trouve que dans le ms. Riccardi; les autres donnent celui que je place en tête du texte latin.

[2] R. *generalment*.

[3] R. *Species zon en doas maneiras: o es* . . . . .

[4] R. o in ENS, si cum *presans*, *avinens*, q'eu posc . . . . .

INCIPIT DONATUS PROVINCIALIS.

Octo partes orationis que inveniuntur in grammatica, inveniuntur in vulgari provincialis lingue pro majori parte, videlicet: NOMEN, PRONOMEN, VERBUM, ADVERBIUM, PARTICIPIUM, CONJUNCTIO, PREPOSITIO et INTERJECTIO.

NOMEN ideo dicitur, quia significat substantiam et qualitatem propriam vel communem; et, largo modo, omnia quibus Adam imposuit nomina possunt nomina appellari. Nomini accidunt quinque: SPECIES, GENUS, NUMERUS, FIGURA et CASUS.

SPECIES vel est primitiva, vel derivativa. Primitivum nomen est illud quod per se est, et non derivatur ab aliquo nomine vel ab aliquo verbo, sicut est *bonitas*. Derivativum nomen est illud quod venit ab aliquo loco, sicut *bonus*, qui derivatur a *bonitate*, quia bonus non potest esse sine bonitate.

GENERA sunt quinque: masculinum, femininum, neutrum, commune et omne. Masculinum nomen est illud quod pertinet masculinis rebus tantum sicut: *bonus*, *malus* et *falsus*. Femininum est illud quod pertinet rebus femininis tantum, sicut: *bona*, *formosa*, *mala* et *falsa*. Neutrum est illud quod non pertinet masculino neque feminino, sicut *gaudium* et *bonum*. Sed hic non sequitur vulgare grammaticam in neutris substantivis, sed sic dicitur quod, secundum grammaticam, non debet poni s in fine, sicut hic: „Magnum est bonum quod iste mihi fecit — et — magnum est malum quod mihi evenit per illum." Communia sunt illa que pertinent masculino et feminino simul, sicut sunt participia desinentia in ANS vel in ENS, [a] quia possum dicere:

---

[a] L. 187 ajoute ici cette remarque: *et hoc secundum vulgare, quod secundum grammaticam est omnis generis.*

1*

domna es presans — aquestz cavalers es avinens — aquesta
domna es avinens." Mas el nominatiu plural se camja d'aitan
que conven a dire: „aquelh cavaler son avinen — aquelas donas
son avinens." Omnis es aquel que perte al mascle e al feme e
al neutri ensems; q'eu posc dire: „aquestz cavaliers es plasens
— aquesta dona es plazens" e „aquestz bes m'es plazens."

Nombres es singulars o plurals: singulars, quan parla d'una
causa solamen; plurals, quan parla de doas o de plusors.

Figura o es simpla o composta: simpla, si cum *coms*; com-
posta, si cum *vescoms*, qu'es partz composta, so es apostiza de *ves*
e de *coms*.

Li cas son seis: [1]) nominatius, genitius, datius, accusatius,
vocatius, ablatius. Lo nominatius se conois per lo, si cum: „lo
reis es vengutz." Genitius per de, si cum: „aquestz destriers
es del rei." Datius per a, si cum: „mena lo destrier al rei."
Accusatius per lo, si cum: „eu vei lo rei armat." E no se
pot conoisser ni triar l'accusatius del nominatiu sinon per so[2])
quel nominatius singulars, quan es masculis, vol s en la fi, e li
autre cas nol volen; el nominatius plural nol vol, e tuit li altre
cas lo volen el plural.

Pero lo vocatius deu semblar lo nominatius en totas las
dictions que fenissen en ors, et en las autras dictions queus
dirai aici: *Deus, reis, francs, pros, bos, cavaliers, cansos*. Et
els altres locs on lo vocatius non a s en la fi, si es el semblans
al nominatiu, al menz en sillabas et en letras, que deu aver
aitals e tantas cum lo nominatius, trait sol s en la fi.

Pero de la regla on fon dit desus qel nominatius cas no
vol s en la fi quan es plurals, voilh traire fors totz los feminis,

---

[1]) R. Li cas del nom son seis: lo nominatius el genitius el datius e l'accu-
satius el vocatius e l'ablatius.
[2]) R. E no se pot conoisser ni triar l'acusatius del nominatiu sinon per
zo qe l'accusatius vol lo verbe denan se, el nominatius vol lo verbe dereire
se, si con: „Joans ama Martin," per qe Martin es cas accusatius. Et
ancara se pot conoisser l'accusatius del nominatiu per zo qel nominatius fai
e l'accusatius soste, si cun: „Peire fer Martin." Peire per zo q'el fer zo
es q'el fai, es nominatius cas; et Martin, per zo q'el soffre qe Peire lo bata,
es accusatius cas. Et *sum, es, est*, vol nominatiu cas denan se e dereire se,

„Iste miles est laudabilis, — ista domina est laudabilis, — iste miles est aptus, — ista domina est apta." — Sed in nominativo plurali tantummodo mutatur, quia oportet dicere: „Isti milites sunt apti, — ille domine sunt apte." Omnis est illud quod pertinet masculino, feminino et neutro simul, quia possum dicere: „Iste miles est placens, — ista domina est placens, — istud bonum est mihi placens."

Numerus est singularis vel pluralis: singularis, quando loquitur de uno verbo tantum; pluralis, quando loquitur de duobus vel pluribus.

Figura vel est simplex, vel composita: simplex, sicut in hac dictione comes; composita, sicut in hac dictione vicecomes, que est pars composita, id est apostiza a vice, comes.

Casus sunt sex: nominativus, genitivus, dativus, accusativus, vocativus et ablativus. Nominativus cognoscitur per hanc syllabam lo, verbi gratia: „Rex venit." Genitivus, verbi gratia: „Iste destrarius est regis." Dativus, verbi gratia: „Duc destrarium regi." Accusativus, verbi gratia: „Video regem armatum." Et non potest discerni nec cognosci accusativus a nominativo, nisi per hoc quod nominativus singularis, quando est masculini generis vel communis, vel omnis, vult s in fine dictionis, et alii casus nolunt, et nominativus pluralis, e converso, non vult s in fine; et omnes alii casus volunt s in plurali.

Tamen vocativus debet esse similis nominativo, in omnibus dictionibus que desinunt in hanc syllabam ors, et in aliis dictionibus quas dicam hic: Deus, rex, liber vel curialis, probus, bonus, miles, cantio. Et in aliis locis, ubi vocativus non habet s in fine, est similis nominativo, ad minus in syllabis et in literis, quas debet habere tales et tot quantas nominativus, excepto solummodo s in fine.

Tamen de regula ubi fuit dictum superius, quod nominativus casus non vult s in fine dictionis, quando est pluralis numeri, volo excipere omnes dictiones feminini generis, quia non est

---

si con: „Arpulins es bos homs." Et deves saber qel nominatius singulars, cant es masculins, si come auzels, o neutris, si com es castels e bes e gaugs, vol s en la fi, et l'autre cas no volun; el nominatius plurals no vol s en la fi, e li autre cas volen lo emplural. E tuit li femenin qe fenissen en A non volon s el singular e son endeclinable, zo es qe non se declinon, car finissen tuit li cas en A, en lo singular, mas, en lo plural, volun s per totz los cas en la fi, et finissen tuit en As.

Et deves saber que cascus vocatius es semblans al seu nominatiu.

que non es dit mas solamen dels masculis e dels neutris; que son
semblan el plural per totz locs, sitot s'es contra gramatica.

E lai on fo dit del nominatiu singular que vol s pertot a la
fi, voilh traire fors totz aquels que fenissen en AIRE, si cum:
emperaire, amaire, et en EIRE, si cum: *Peire, beveire, radeire,
tondeire, penheire, fenheire, bateire, foteire, prendeire, teneire,* et en
IRE, si cum: *traire, consentire, escarnire, escremire, ferire, gronire;*[1]
mas *albires* vol s e *conssires* e *desires.* Aqist III. son trait de
la regola.

E devetz saber que tut aquill queus ai dit, don lo nomina-
tius singulars fenis en AIRE et en EIRE, fenissen totz lor cas sin-
gulars en DOR.[2]), trait lo vocatius, qe sembla lo nominatius, si
cum es dit desus.

E de la regla del nominatiu singular, que vol s a la fi voilh
ancar traire fors: *maestre, prestre, pastre, seingner, melher, peier,
sordeier, maier, menre, sor, bar, genser, leuger, greuger*[3]) et totz
los adjectius neutris, quan son pausat senes substantiu, si cum:
„mal m'es — greu m'es — fer m'es — esquiu m'es — estranh
m'es q'el aia dit mal de me."

E voilh en traire fors encar dels pronoms alcus, si cum:
eu, tu, el, qui, aquel, ilh, cel, aicel, aquest, nostre, vostre, que no
volon s en la fi, e son del nominatiu singular.[4])

Tres declinazos son, el nominatius cas de la premeira fenis
en A, et tuit li altre cas eissamen, del singular devetz entendre;
car el plural volon li cas s en la fin trastut. Tuit li ajectiu

---

[1]) R. que non volon s el nominatiu singular; mas *albires* . . .

[2]) R. en DOR, si con *li amador,* et en totz los autres cas en DORS, si
cun *dels amadors, als amadors.*

[3]) R. *greuger,* qe podon haver s a la fin e podon esser sens s. Et
devetz saber qe tuit li nom son o ajectiu o sustantiu; et tuit aqil que per
se solamen non se podon entendre ni non portan complida sententia son
ajectiu, si con *bons, mals, pros, valens* non se pot entendre de si, et aissi
non portaran dreita sententia; mas s'ieu dic „*Martins es valens cavaliers*" o
„*Joans es pros,*" adonc es complida sentenza per aqel nom, zo es *Martins,*
et per aquel nom, zo es *Joans,* que son substantiu. Et per zo son dit
ajectiu, zo es *ajustantiu,* car ajustan las soas significazons ab lor sustantius.
E tuit aquill nom qe per se solon portar perfetta sentenza e qe se podon
entendre per se son substantiu, si con es *Peire, Na Maria, homs, dompna,*

dictum nisi de masculinis et de neutris, que sunt similia in plurali per omnia loca, quamvis sit contra grammaticam.

Et ubi fuit dictum de nominativo singulari quod vult s semper in fine, volo excipere omnia illa nomina que finiunt in AIRE, verbi gratia: *imperator, amator,* et in hac dictione EIRE, verbi gratia: *Petrus, potator, qui radit barbas, tonsor, pictor, fictor, percussor, qui frequenter concubit, qui libenter accipit, tenax;* et in hac dictione IRE, verbi gratia: *traditor, qui consentit, derisor, cautus, cum armis percussor, qui frequenter grunnit.* Sed ab illa regula excipiuntur ista tria. a)

Et debetis scire quod omnes dictiones supradicte, de quibus nominativus singularis finit in AIRE, et in EIRE, et in IRE, finiunt omnes alios casus singulares in DOR, excepto vocativo, qui est similis nominativo, sicut dictum est superius.

Et de illa regula que dicit quod nominativus singularis vult s in fine dictionis, volo adhuc excipere istas dictiones: *magister, presbyter, pastor, dominus, melior, pejor, deterior, major, minor, soror, baro, pulchrior, levior, gravior;* et omnia nomina adjectiva neutri generis quando ponuntur sine substantivo excipiuntur ab illa regula, verbi gratia: „Malum est mihi, — grave est mihi, — ferum est mihi, inopportunum est mihi, — alienum est mihi quod ille dixerit malum de me."

Et volo excipere adhuc aliqua pronomina, verbi gracia: *ego, tu, ille, qui, ille* vel *ille, ille, ille, iste, noster, vester* que nolunt s in fine dictionis, et sunt numeri singularis.

Tres declinationes sunt, et nominativus casus prime declinationis finit in A, et omnes alii casus similiter, in singulari debetis intelligere; quia in plurali volunt omnes casus s in fine. Omnia

---

e per so son dit substantiu car per se solamen podon star e portan perfetta sentenza en construction.

Et devetz saber qe tuit li adjectiu, qan son pauzat sens substantiu, non volon s en la fin, si cum: *bos mes,* — *estrain m'es parut d'aisi,* — *greu m'es car Peire non ama me pueis eu l'am tan finamens.*

¹) Ce, § manque dans le ms. R.; le suivant s'y lit ainsi:

Encara devetz saber qel noms ha tres declinazons, et tuit aquill nom qe fenissen el nominatiu singular en A, si cum *dompna, bella, gaia, gaita, papa, propheta* tuit son de la prima declinazon; mas *propheta* e *papa* non volon s el nominatiu plural, et en totz los autres cas lo volon.

---

a) La traduction des trois mots *albires, conssires* et *desires* manque. Suppléez ici: pour *albires,* arbitrium, æstimatio; pour *conssires,* cura ou ægritudo, pour *desires,* desiderium ou cupido.

femini dels quals lo nominatius singulars fenis en A, si cum es:
bona, *bela*, *cointa*, *gaia* seguen aquella meisma regla. E tut
aquelh de la prima [1]) declinazo sun feminin, trait: *propheta*,
gaita, *esquiragaita*, *papa*. Pero *propheta* e *papa* no volon s el
nominatiu plural, mas en totz los autres cas lo volon. Celh qe
fenissen in ANS vel in ENS, quan s'ajusten ab femini substantiu
volun el vocatiu s a la fi; quant s'ajusten ab masculin substantiu
non lo volon.

De la prima declinazo es *savieza*, *cortesia*, *dreitura*, *mesura*
et tut l'autre que fenissen en A, sion adjectiu o substantiu. De
la seconda: *Deus*, *seingner*, *maestre*, et tuit li nom breumen
que no volun s el nominatiu plural et en totz los autres cas lo
volon. De la terza declinazon [2]) son tuit li participi que fenissen
en ANS et en ENS, et tut li nom don lo nominatius singulars el
nominatius plurals fenissen in ATZ, e sun femenin, si cum: *bon-*
tatz, *beutatz*, *santatz*, *amistatz* e mout d'autre. En vulgar non
trob mas [3]) d'aquestas tres manieras de declinazos qu'ieu ai dit
desus.

E son d'autras manieras de noms que non se declinon, si cum
es *vers* ab totz sos compost, [4]) et tut li adjectiu que fenissen in
os, si cum *amoros*, *enveios*, trait *pros* e *bos*. [5]) — E tuit aquel
que fenissen in AS larg, o sion adjectiu o sion substantiu, no se
declinon nis mudon, si cum: *nas*, *pas*, *vas*, *ras*; e *cortes* sec
aquela regla mezeisma, e *pes*, *contrapes*, *sirventes*, *cens*, *encens*,
deves, [6]) *mes*, *borzes*, *descibles*, *des*, *bles*, *marques*, *bres*, *gles*, *comes*,
escomes e *pres* ab totz sos compostz. — E tuit li nom provincial
que fenissen in ES, si cum *Frances*, *Angles*, *Genoes*, *Polhes*; et tut

---

[1]) M. primeira.

[2]) R. son tuit li nom e li particip qe fenissen el nominatiu singular en
ANS et en ENS, si cum *grans*, *amans*, *valens*; e tuit li nom qe fenissen in
ATZ sun feminini, si cum *bontatz*, *amistatz*, qel nominatiu el vocatiu fan en
AZ el singular; el plural eissamen fan en AZ.

Aqil qe fenissen en UZ, si con es *saluz* et *venguz* fan lo nominatiu el
vocatiu en UZ, totz los autres cas en UT in singular; el plural fan lo nomi-
natiu el vocatiu in UT, tut los autres cas en UZ.

[3]) R. mas senon aquestas . . .

[4]) R. si cum *pervers*, *devers*, *envers*, *revers*, *advers*, *convers*, *travers*.

[5]) R. trait *pros* e *bos* qe se declinon. Et non se declinon ni se mudon
tuit aquil qe fenissen en AS, sion adjectiu o substantiu . . . . .

[6]) R. defes.

adjectiva feminini generis, quorum nominativus singularis finit in
A; verbi gratia: *bona, pulchra, apta, leta*, sequuntur eamdem
regulam supra dictam.   Et omnes dictiones prime declinationis
sunt feminini generis, excepto *propheta, papa, speculator, excubie;*
tamen *propheta* et *papa* nolunt s in nominativo plurali, sed in
aliis omnibus casibus volunt.   Dictiones finientes in ANS vel in
ENS, quando conjunguntur cum feminino substantivo, volunt in
vocativo s in fine; quando conjunguntur cum masculino substan-
tivo, nolunt.

De prima declinatione est: *sapientia, curialitas, justitia, men-
sura*, et omnia alia nomina finientia in A, sive sint adjectiva,
sive substantiva.   De secunda sunt ista nomina: *Deus, dominus*
et *magister*, et omnia nomina breviter que nolunt s nominativo
plurali, in fine dictionis, sed in omnibus aliis casibus volunt.
Tertie declinationis sunt omnia participia desinentia in ANS vel
in ENS, et omnia nomina quorum nominativus singularis et
nominativus pluralis desinunt in ATZ, et sunt feminini generis;
verbi gratia: *bonitas, pulchritudo, sanitas, amicitia*, et plura alia
nomina.   In vulgari non invenio nisi tres modos declinationum
quos dixi superius.

Et sunt alterius generis nomina, que non declinantur, sicut
est *versus*, cum omnibus suis compositis, et omnia adjectiva
desinentia in os, verbi gratia: *amorosus, invidus;* excepto, *probus*
et *bonus.*   Et omnes ille dictiones que desinunt in hac syllaba
larga [AS] non declinantur neque mutantur, vel sint nomina
substantiva vel sint adjectiva, verbi gratia: *Nasus, passus, tumu-
lus, rasus;* et *urbanus* sequitur illam et eamdem regulam, et
*pondus, contrapondus, cantio facta vituperio alicujus; census, in-
censum, locus defensus, mensis, burgensis, discipulus, discus, qui
non potest sonare nisi* C, *marchio, lignum quo aves capiuntur, glis
animal, vocatus, provocatus* et *captus* cum omnibus suis compo-
sitis; et omnia nomina, que derivantur a provinciis, que desinunt
in hac syllaba [ES], verbi gratia: *Francigena, Anglicus, Genuensis,
Apulus;* et omnia ista nomina supradicta desinunt in hac syllaba
[ES] stricta. — De hiis que desinunt in hac syllaba larga [ES],
confessus.   Adhuc de hiis que in hac syllaba [AS] larga desinunt
non declinantur ista: *Bassus, casus, pinguis, concordia campana-
rum, lassus, mansum ubi rustici manent.*   Talia sunt ista: *prelium
paucorum contra multos, civitas, falsus, castrum, discalciatus, pro
calce, pro falce, fuga, jactus, farsura, arsus, dies Martis vel mensis
Marcii, nexus* vel *nodus, glacies, lectus fere, pax, vellus, clausus,*

aquest sobredit fenissen in ES estreit. — D'aquels que fenissen in
ES larg, *confes*. — Encaras d'aquels que in AS larg fenissen no
se declinon, *bas, cas, gras, clas, las, mas*. Tals es *mescaps*, *Acs*,
*fals, Bautz, deschautz, cautz, falz, encautz, lanz, fars, ars, martz,
latz, glatz, jatz, patz, aus, claus, laus, raus, ais, cais, fais, lais,
tais, brais, Clavais, melhz, fems, tems, Rems*. — In ERS larg:
guers, dispers, Bezers, Lumbers. — In ERS estreit: *ders, aers,
aders*, — *gris, paradis, Sans-Danis, assis, Paris, ris, vis, berbiz*,
— *ops*, — *polz, aiolz*, — *doulz*, — *poutz, soutz*, — *gergons*, —
cors, mors. — In ORS larg: *cors, socors, ors, sors, resors*, — *bis,
lis, alis*, — *crotz, notz, potz*, — *reclus, conclus, confus, pertus,
Dedalus, Tantalus, us, fus, Artus, Cerberus*. E tut aquest que
ai dit desus no se declinon nis mudon, ni en singular ni en plu-
ral, e coren per totz cas egalmen. [1])

   PRONOMS es aici apelatz quar es en loc de propri nom pau-
satz, e demostra certa persona, si cum: *eu, tu, el, cel, aicel, aquel,
aquest, eu mezeismes, tu mezeismes, el mezeismes, eu esteus, tu es-
teus, el esteus, eu eis, tu eis, el eis, meus, teus, seus, nostre, vostre*;
e per so es ditz[2]) pausatz en loc de propri nom, qe s'ieu dic:
„eu sui vengutz," no mi besogna dir: „eu Jacme sui vengutz;"
— „eu vei qe tu es vengutz," nom besogna dire: „eu vei que
tu Peires es vengutz." S'eu dic: „aicel es vengutz" el mostri
ab la ma o ab l'oilh, nom besogna dire: „Joans es vengutz."
E per so son apelat pronom demostratiu quar demostran certa
persona. [3])

---

   [1]) Ce dernier alinéa était fort défectueux dans mon édition de 1840,
et la traduction laissait à désirer encore plus que le texte; j'ai complété et
restitué l'un et l'autre à l'aide de tous les manuscrits, mais surtout avec le
secours du ms. Riccardi. Outre les corrections qu'il m'a fournies, j'y ai
trouvé cette addition:
   Cors, pro corpore, est indeclinabile; *Cors*, pro corde, facit, in nominativo
et vocativo, in OR, in reliquis in ORS.
   [2]) R. es ditz e pausatz.
   [3]) R. ajoute ici ce passage:
   Et deves saber qe tuit aqist pronom si cum es *eu, tu, el, qui, aqel, il,
cel, aicel, aquest, nostre, vostre*, no volon s a la fi, en lo singular. E devetz
saber aquest pronoms *eu* es de prima persona, et aissi si declina: nominatius,
eu, — genitius, *de me*, — datius, *a me*, — accusatius, *me*, — vocatiu
non a, car nuls non clama se meteus; — ablatius, *a me*. — El plural,
nominatius, *nos*, et aissi per totz los cas plurals, si cum, *de nos, a nos,
nos, ab nos*.
   E devetz saber qe aqest pronoms *tu* es de la seconda persona, et aissi
declina: nom., *tu*, — gen., *de te*, — dat., *a te*, — acc., *te*, — voc., *o
tu*, — abl., *a te*. — El plural, nom., *vos*, et aissi per totz los cas plurals,

pro laude vel *pro stagno, arundo, tabula, gena, onus, dulcis can-*
tus, animal, clamor avium, castellum, melius, fimus, tempus, civitas.
— [in hac syllaba larga, ERS:] *strabo, dispersus, civitas, castellum.*
— In hac syllaba stricta, [ERS:] *evectus, herens, erectus, — color,*
paradisus, Sanctus Dionisius, obsessus, civitas vel *proprium nomen*
viri, risus, visus, ovis; — opus, — pulsus, avus, — dulcis, —
pultes (esca de farina), pisces in aceto, — gregnonium, (vulgare
trutanorum,) — corpus, morsus. — [In hac syllaba larga, ORS:]
cursus, auxilium, ursus, desurgo, deresurgo, — quidam color, levis,
azimus, — crux, nux, puteus, — reclusus, conclusus, confusus,
foramen, proprium nomen, proprium nomen, usus, instrumentum nendi,
proprium nomen, janitor inferni. Et omnia ista nomina supradicta
sunt indeclinabilia, nec mutantur in singulari neque in plurali et
currunt ita per omnes casus equaliter.

PRONOMEN est ita appellatum, quia loco proprii nominis
ponitur et ostendit certam personam, verbi gratia: *Ego, tu, ille,*
ille, ille, ille, iste, ego ipse, tu ipse, ille ipse; item, alio modo, *ego*
ipse, tu ipse, ille ipse; item, alio modo: *idem, meus, tuus, suus,*
noster et vester. Et ideo dicitur positus in loco proprii nominis,
quia si ego dico: „ego veni,“ non oportet dicere: „ego Jacobus
veni“ — „ego video quod tu venisti“ non oportet dicere: „ego
video quod tu Petrus venisti.“ Item, si ego dico: „ille venit,“
et illum ostendo cum manu vel cum oculo, non oportet dicere:
„Johannes venit.“ Et ideo appellantur pronomina demonstra-
tiva, quia ostendunt certam personam.

si cun: *de vos, a vos, vos, o vos, ab vos.* Et deves saber que tuit li pronom
son de la terza persona, trait *eu* qe es de la prima, et *tu* qe es de la
segonda, si cun es ditz desus, et tuit li vocatiu, (qe tuit li vocatiu sun de la
segonda persona), si cun: *o Arpulins, danza.* Vesetz cun aquest Arpulins, qe
es vocatius, car es de la segonda persona, s'ajusta ab aqel verbe zo es *dansa,*
qe es de la segonda persona.

Nominatiu, *el,* — gen., *de lui,* — dat., *a lui,* — acc., *lo.* — Vocatiu
non a, car es demonstratius de la terza persona, et aissi non pot aver
vocatiu, car lo vocatius es de la segonda persona, si cun es dig desus.
— Abl., *ab lui.* — Et pluraliter, nom., *ill,* — gen., *dels,* — dat., *a*
els, — acc., *los,* — abl., *ab els.* — Eissamen declino *aqel, cel, aicel,* estiers
qe fan en l'accusatiu si cun els autres cas, zo es genetiu, datiu et
ablatiu.

E aquest pronom si cun *nostre, vostre,* sun endeclinable el singular, et
en lo plural fan si cun li autre adjectiu nom, car en lo nominatiu plural no
volon s ni en lo vocatiu, et en totz los autres lo volon, si cun, pluraliter:
nom., *li nostre,* — gen., *dels nostres,* — dat., *als nostres.* — *Aquest, meus,*
teus, seus, seguen aqella metesma regla dels noms, car en lo vocatiu singular
volon s, et en totz los autres cas singulars non lo volon; et en lo nominatiu
plural non lo volon, et en totz los autres cas lo volon.

VERBES es apelatz car es cun maneiras et formas et temps, [1])
e significa alcuna causa far o sufrir, si cum: „eu bat“ e „eu sui
batutz.“ S'eu bat, eu faz alcuna causa; s'eu sui batutz, eu soffre
alcuna causa. [2]) — Cinc sun li modi dels verbes: Indicatius,
imperatius, optatius, conjunctius, infinitius. Indicatius es apelatz
quar demostra lo fait que om fai, si cum es: „eu chant, eu
escriu.“ [3]) Imperatius es aquel que comanda, si cum es: „aporta
pan, aporta vin.“ Obtatius es qar desira, si cum: „eu volria
amar.“ Conjunctius es qar ajusta doas razos ensems, si cum en
aquest loc: „cum eu amei fortmen, tortz es si no sui amatz.“ [4])
Infinitius es apelatz, quar no pausa terme ni fin a zo qe ditz, si
cum: „eu voilh amar.“

E cascuns dels cinc modis qu'ieu ai dit desus deu aver cinc
temps: presen, preterit non perfeit, preterit perfeit, preterit plus
que perfeit e futur.

Quatre conjugazon son [5]). Tut aquel verb, l'infinitius dels
quals fenis en AR, si cum *amar, chantar, ensenhar*, son de la
prima conjugazo. De l'autras tres conjugazos sun tan confus
l'infinitiu en vulgar que coven a laissar la gramatica, e donar
autra regla novella. Per que platz a mi que aquel verbe que
lor infinitiu fan fenir in ER, si cum es *aver, tener, dever*, sion de
la segonda conjugazo. Aquelh que fenissen in IRE, et aquel que
fenissen in ENDRE, si cum *dire, escrire, tendre, contendre, de-
fendre*, [6]) sion tuit de la terza. Aquel que fenissen in IR, si cum
sentir, dormir, auzir, sion de la quarta conjugazon.

Lo presens tems de l'indicatiu de la prima conjugazo se
dobla en la prima persona, [7]) que posc dir *ami*, o posc dir *am*;
chanti o *chan*; *plori* o *plor*, *soni* o *son*; *brami* o *bram*, *badalhi* o
badalh. — La segonda persona fenis in AS, si cum *tu amas*; —
la terza in A, si cum *cel ama*. Aici fenissen las tres personas
el singular del tems presen de l'indicatiu, [8]) et el plural: *nos amam*,

---

[1]) C'est le ms. R. qui rétablit ainsi en provençal les mots latins de ma
première édition.

[2]) R. si cun: „eu bate Martin;“ s'eu bate, eu faz alcuna causa, se
Martis es batutz, el sufre alcuna causa.

[3]) R. o qe demanda, si cum „qe fas tu?“ „m'amas tu?“

[4]) R. et car vol totas vetz un autre verb ab lui, car non pot star
per se sol.

VERBUM appellatur quia cum modis et formis et temporibus, et significat aliquid facere vel pati, verbi gratia: „ego percutio et ego percutior.“ Si ego percutio, ego facio aliquid; si ego percutior, ego patior aliquid. — Quinque sunt modi verborum: indicativus, imperativus, optativus, subjunctivus et infinitivus. — Indicativus appellatur, quia indicat aliquid quod homo facit, verbi gratia: „ego canto, ego scribo.“ — Imperativus appellatur ille modus qui imperat, verbi gratia: „affer panem, affer vinum.“ — Optativus appellatur, quia optat, verbi gratia: „ego vellem amare.“ — Conjunctivus appellatur, quia conjungit vel apprehendit duas rationes simul, sicut in hoc loco: „cum ego diligam fortiter, injustum est, si non diligar.“ — Infinitivus appellatur, quia non ponit terminum nec finem his que dicit, verbi gratia: „ego volo amare.“ Et unusquisque de quinque modis supra dictis debet habere quinque tempora, scilicet: presens, preteritum non perfectum, preteritum perfectum, preteritum plusquam perfectum, et futurum.

Quatuor conjugationes sunt. Omnia illa verba quorum infinitivus desinit in hac syllaba [AR], verbi gratia amare, cantare et docere, sunt prime conjugationis secundum vulgare. De aliis tribus conjugationibus sunt tantum confusi infinitivi modi, in vulgari, quod oportet dimittere grammaticam, et dare aliam regulam novam. Unde placet mihi quod illa verba, quorum infinitivus desinit in hac syllaba [ER] sicut est: habere, tenere, debere, sint secunde conjugationis. Illa que desinunt in hac syllaba [IRE], et illa que desinunt in istis [ENDRE, OTRE], sicut: dicere, scribere, tendere, contendere et defendere sint omnia tertie conjugationis. Illa que desinunt in hac syllaba [IR] verbi gratia: sentire, dormire, audire, sint quarte.

Presens tempus indicativi prime conjugationis duplicatur in prima persona, quia possum dicere sic . . . ., vel possum dicere sic . . ., vel sic . . . Secunda persona in AS desinit, verbi gratia: amas; tertia persona in hanc, verbi gratia: ille amat. Ita desinunt tres persone in singulari temporis presentis indicativi et in plurali: nos amamus, vos amatis, illi amant vel sic . . . Et

---

⁵) R. Li verbi o son de la prima conjugazon o de la segonda o de la terza o de la quarta.

⁶) R. defendre, et in IURE, si cum viure, escriure, sion . . . .

⁷) R. persona, qu'eu pos dire: eu ami o eu am, eu canti o eu can.

⁸) R. indicatiu. El plural fenis la prima persona in am, si cum nos amam, [la segonda] in ATZ, si cum vos amatz, la terza in O o in ON, si cum cill amo o amon.

vos *amatz*, *celh amen* o *amon*, et aisso es generals regla que la terza persona del plural se dobla per totz verbes e per totz tems, que pot fenir o in EN o in ON; e la prima persona dobla se en totz verbes, el tems presen de l'indicatiu solamen, si cum: *eu senti* o *eu sens*, *eu dizi* o *eu dic*. Mas mielz es a dir lo plus cort quel plus long.

El preterit non perfeit [1]) del indicatiu: *amava*, *vas*, *va*; *amavam*, *amavatz*, *aven* o *amavon*.

El preterit perfeit: [2]) *amei*, *es*, *et*; *amen*, *etz*, *eren* vel *ameron*.

El preterit plus que perfeit: *eu avia amat*, *ias amat*, *ia amat*, *iam at*, *iaz at*, *ien* vel *ion at*.

El futur son semblan tuit li verbe en totas las conjugazos, que tuit fenissen aici: *amarai*, *ras*, *ara*, *amarem*, *retz*, *ran* vel *amarau*.

E l'emperatiu tut aquel de la prima conjugazo fenissen in A estreit, si cum: *chanta*, *bala*, *viula*; en la segonda persona entendatz, car inperatius non a prima, que om no pot comandar [3]) a si eis. En la terza persona fenis toztems in E, si cum: *dance*, *saute*, *tombe*. [4]) El plural fenis in ATZ, si cum: *cavalcatz*, *anatz*, *trotatz*; *cavalguen*, *anen*, *troten*.

[5]) E l'obtatiu fenissen tuit li verbe de la prima conjugazo in ERA vel in IA; e de totas las conjugazos comunalmen, si cum: „*volunters amaria*, *ras* vel *rias*, *amera* vel *ria*. El plural: *amaram* vel *riam*, *aratz* vel *riatz*, *amarén* vel *rien*. Item: *dissera* vel *diria*, *disseras* vel *rias*, *disera* vel *diria*, *diseram* vel *riam*, *diceratz* vel *riatz*, *ren* vel *rien*. Pero aquel que son de la quarta conju-

---

[1]) R. zo es non complit, de l'indicatiu: *eu amava*, *tu amavas*, *nos amavam*, *vos amavatz*, *ill amaven* o *amavon*.

[2]) R. zo es complit: *eu amei*, *tu amest*, *cel amet*, *nos amem*, *vos ametz*, *ill ameren* o *ameron*.

[3]) R. comandar se meteis.

[4]) R. et *pluraliter*, zo es en lo plural, finis la prima persona in EM, si cum: *nos cavalguem* (*equitemus*), *amem nos* (*amemus nos*), la segonda persona in ATZ, si cum: *anatz* (*eatis*), *amatz vos* (*amate vos*); la terza fenis in EN, si cum: *cavalguen* (*equitent*), *ill amen* (*ament illi*). Et devetz saber qe tuit aquill verbe qe fenissen en l'infinitiu in AR podon finir in AIRE, si cum *far*, *faire*, *trar*, *traire*; fan en l'imperatiu, en la prima persona del plural, in AM, si com *fazam*, *tragam*.

hec est generalis regula quod tertia persona pluralis duplicatur in omnibus verbis, secundum vulgare, et in omnibus temporibus, quia potest finire *sic*, (excepto futuro quia potest finire *sic*). [a] Prima persona duplicatur in omnibus verbis, in tempore presenti indicativi tantum, (excepto *ai*, *sai*, quia non duplicatur in prima persona) [b] verbi gratia: „*ego sentio* vel *sic*, *ego dico* vel *sic*." Sed melius est dicere brevius monosyllabum quam disyllabum.

In preterito imperfecto indicativi *amabam*, *amabas*, *amabat*, *amabamus*, *amabatis*, *amabant* vel *sic*.

In preterito perfecto: *amavi*, *amavisti*, *amavit*, *amavimus*, *amavistis*, *amaverunt* vel *amavere*.

In preterito plus quam perfecto: *amaveram*, *amaveras*, *amaverat*, *amaveramus*, *amaveratis*, *amaverant*.

In futuro sunt similia omnia verba in omnibus conjugationibus, in vulgari, quia omnia desinunt ita: *amabo*, *amabis*, *amabit*, *amabimus*, *tis*, etc.

Imperativo omnia verba prime conjugationis desinunt in hac syllaba [A] stricta, verbi gratia: *canta*, *salta*, *viela*, videlicet in secunda persona, quia imperativus caret prima persona, quia nullus potest precipere sibi ipsi. In tertia persona desinit semper in hac littera [E], verbi gratia: *ducat choream*, *saltet*, *cadat* vel *ludat saltando*. In plurali desinit in hac syllaba [ATZ] (et habet primam personam, quam in singulari non habet,) [c] verbi gratia: *equitemus*, *ambulemus*, *trotemus*, *equitetis*, *ambuletis*, *trotetis*, *equitent*, *ambulent*, *trotent*.

In optativo desinunt omnia verba prime conjugationis in hac syllaba [ERA], vel in hac [IA] finiunt, et duplici modo pronuntiantur in omnibus conjugationibus generaliter, verbi

---

[5] R. En l'obtatiu finissen tuit li verbe de la prima conjugazon del temps present el singular, la prima persona in ERA o in RIA, et de totas conjugazos generalmen, si cum: *volenters amera*, *volenters amaria*, *tu ameras*, *cel amera*, *nos ameram*, *vos ameras*, *ill ameran*. Item, *eu dissera* etc. Ancara finissen li obtatiu el temps prezen aici, si cum: *Deus volgues qu'eu ames* (*utinam ego amarem*), *Deus volgues que tu amasses*, (*utinam tu amares*), *Deus volgues que cel amasset* (*utinam ille amaret*), et pluraliter, *Deus volgues que nos amassem* (*utinam nos amaremus*), *Deus volgues que vos amasses* (*utinam vos amaretis*), *Deus volgues que ill amassen* (*utinam illi amarent*). Pero aquel que son . . . . .

---

[a] les mots entre ( ) répondent à un passage du texte provençal qui manque dans tous les manuscrits.

[b] cette exception, comme la précédente, manque dans le texte provençal.

[c] nouvelle remarque, qui ne se trouve pas dans le texte provençal.

gazo, don l'infinitius fenis in ir solamen, si cum *dormir*, fan
l'obtatiu in ira vel in irria en la prima persona, en la segonda,
in iras vel in irias, en la terza in ira vel in iria, si cum : *eu
volenters dormira* vel *dormiria, tu dormiras* o *dormirias, cel dormira*
o *dormiria*; in plurali, *nos dormirem* o *dormiriem, vos dormiratz*
o *dormiriatz, cil dormiren* o *dormirien.* Et sun alcun altre verbe
que sun fors d'aquesta regla, si cum : *voler, tener, poder, saber,
aver, conoisser, dever, sezer*; que *voler* fenis la prima persona
de l'obtatiu en *volgra* vel *volria*, la segonda, *gras* vel *rias, volgra*
vel *ria, volgram* vel *riam, volgratz* vel *riatz, volgren* vel *rien*, —
tengra o *tenria*, — *pogra* o *poria*, — *auria* o *agra*, — *conogra*
o *conoiseria*, — *degra* o *deuria*, — *segra* o *seigria*, — *plagra* o
plairia, — *pagra* o *paisseria*, — *begra* o *beuria*, — *valgra* o *valria*,
— *mogra* o *mouria*, — *colgra* o *colria*, — *nogra* o *nozeria*, —
vengra o *venria*. E quascus d'aquestz sobreditz deu fenir en
singular et en plural et en personas, de tan cum s'aperten al
presen de l'obtatiu, si cum es dit desus pleneiramen de *voler*.

El preterit plus que perfeit de l'obtatiu fenissen tuit in es
estreit, si sun de la prima conjugazo, si cum : „*bon fora qu'eu agues
amat, tu agesses amat, cel agues amat,*" et aquest solamen que fe-
nissen lor enfinitiu in endre et in iure, si cum : *viure, prendre, ten-
dre*, que sun semblan en aquest loc a la prima conjugazo, et el
preterit perfeit, et el preterit non perfeit del conjunctiu, si cum
podetz vezer aici: *cum eu cantes, tu cantesses, cel cantes, nos can-
tassem, vos cantassetz, cil cantassen* vel *cantasson ; cum eu tendes,
tu tendesses, cel tendes, tendessem, tendessetz, tendessen* vel *ten-
desson; cum eu ames, tu ameses, cel ames, nos amassem, vos amas-
setz, cil amassen* vel *amasson.*

El futur de l'obtatiu fenissen tut aquel de la prima conju-
gazo in e si cum aici: *Deus volha qu'eu ame, tu ames, cel ame,
Deus voilla que nos amem, vos ametz, cil amen* o *amon.* — El
presens del conjunctiu es altretals. Pero lo preterit non perfeitz
del conjunctiu es semblans al preterit non perfeitz de l'indicatiu
a la vegada, et es contra gramatica, si cum en aquest loc: „S'ieu
te donava mil marcs, serias tu mos hom?"

El preterit perfeit del conjunctiu: *cum eu aia amat, aias
amat, aia amat, nos aiam amat, vos aiatz amat, cill aien* vel *aion amat.*

Lo preterit plus que perfeitz del conjunctiu es semblans ad
aquel de l'obtatiu. [1])

---

[1]) R. de l'obtatiu, estiers que lai on es *utinam* e l'optatiu, el conjunctiu
vol *cum.*

gratia: *utinam amarem*, vel ita, *amares, amaret, amaremus, tis, rent; utinam dicerem, diceres, ret, diceremus, diceretis, rent.* Tamen illa verba que sunt quarte conjugationis, quorum infinitivus desinit in hac syllaba [IR] tantum, sicut *dormire*, desinit optativus in prima persona in IREM, velut *ego libenter dormirem*; in secunda *dormires*; in tertia *dormiret, dormiremus, tis, rent.* Sunt aliqua alia verba que sunt extra istam regulam, verbi gratia: *velle, tenere, posse, sapere, habere, cognoscere, debere, sedere* et plura alia; quia *velle* desinit in prima persona presentis optativi in: *utinam vellem, les, let, vellemus, tis, vellent;* — *utinam tenere possem, haberem, cognoscerem, deberem, sederem, placerem, pascerem, biberem, valerem, moverem, colerem, nocerem, venirem.*

Et unusquisque supradictorum debet finire in singulari et in plurali et in personis, quantum pertinet ad presentem optativi, sicut superius plenius continetur in hoc verbo *velle.*

In preterito plusquam perfecto optativi, desinunt omnia in hac syllaba stricta [ES], si sunt prime conjugationis, sicut: *bon fora q'eu agues amat, tu aguesses amat, nos aguessem amat, vos aguessetz amat, cel aguessen amat;* et illa quorum infinitivus desinit in hac syllaba [ENDRE] vel in hac [IURE], sicut *vivere, capere, tendere*, que sunt similia hoc loco prime conjugationi videlicet [in preterito perfecto] indicativi modi, et in preterito imperfecto conjunctivi, sicut potestis videre hic: *cum cantarem, cantares, cantaret, cantaremus, tis, rent, cum tenderem, tenderes, tenderet, tenderemus, tenderetis, tenderent; cum amarem, res, ret, cum amaremus, tis, rent.*

In futuro optativi desinunt omnia illa verba, que sunt prime conjugationis, in hac litera [E], verbi gratia: *utinam amem, es, et, amemus, etis, ent*, vel *sic.* Et presens conjunctivi est similis illi. Tamen preteritum imperfecti conjunctivi est similis preterito imperfecto indicativi aliquando, et est contra grammaticam, sicut in hoc loco: „*Si ego tibi donarem mille marchas, esses tu meus homo?*"

In preterito perfecto conjunctivi: *cum amaverim, ris, rit, amaverimus, tis, rint.*

Preteritum plusquam perfectum conjunctivi est similis preterito plusquam perfecto optativi.

2

El futur del conjunctiu: *cum eu aurai amat, tu auras amat, cel aura amat, nos aurem amat, vos auretz amat, cill auran* vel *aurau amat.*

El presen de l'enfinitiu, *amar.* [1]) — El preterit non perfeit, *aver amat.* — Els autres tems de l'enfinitiu no m'entremeti, qar non an lóc en vulgar, se no pauc. [2])

Ni del passiu nom besogna dir, aissi con de l'actiu es dit desus, qar pertot se tria per aquest verbe *sum, es est,* [3]) que vol nominatiu cas denan se et apres, si cum: *eu sui amatz, tu est atz, cel es atz, nos em amat, etz at, sun at,* — *eu era amatz, ras atz, ra atz, nos eram at, eratz at, eren* vel *eron amat.* — [4]) *eu fui atz, fust atz, fo atz, nos fom at, foz at, foren* vel *foron amat.* [5]) *eu avia estat amatz, avias estat at, avia estat at, nos aviam estat at, vos aviatz estat at, cel avien* vel *avion estat at.* — [6]) *eu serai amatz, ras atz, ra atz, rem at, retz at, ran* vel *rau at.* — [7]) Imperatiu: *sias tu amatz, sia cel amatz, siam nos at, siatz vos at, sian* vel *sion celh amat.* — [8]) Obtatiu: *per mo vol eu seria* vel *fora amatz, rias* vel *foras atz, ria* vel *fora atz, riam* vel *foram at, riatz* vel *foratz at, rien* vel *foron amat.* — [9]) Preterit plus que perfeit: *per mo vol* [10]) *eu agues estat amat, esses stat atz, es stat atz, essem stat at, essetz stat at, essen* vel *esson stat at.* — El futur: *Deus volha qu'ieu sia amatz, tu sias amatz, cel sia amatz, nos siam amat, vos siatz amat, ill sien* vel *sion amat.* — Lo present del conjunctiu es altretals si cun lo futurs de l'obtatiu si metetz denan *cum,* lai on ditz *per mo vol.* — El preterit non perfeit del conjunctiu: *com eu fos amatz, fosses atz, fos atz, em*

---

[1]) R. El present de l'infinitiu el non perfeit an solamen una determinazon en singular et en plural et en totas las personas, zo es, *amar,* si cum: *eu voil amar, tu voles amar, cel vol amar, nos volem amar.* Et per zo es ditz enfinitius, zo es non finitius car, si cum es dit desus, non fenis ni termina certa persona ni nome, que aissi [es] la prima cum la segonda e cum la terza, et aissi en plural cum en singular.

[2]) R. no m'entremeti, qar non an gaire luec en vulgar.

[3]) Les mss. donnent ici les formes latines et non les formes provençales, qui sont: *sui, iest* ou *est, es.*

[4]) R. El preterit perfeit: *eu fui amatz,* etc.

[5]) R. El preterit plus que perfeit: *eu era* o *avia estat amatz, tu eras* o *avias estat amatz, cel era* o *avia estat amatz, nos eram* o *aviam estat amat, vos eratz* o *aviatz estat amat, ill eren* o *eron, avien* o *avion estat amat.*

[6]) R. El futur: *eu serai . . . . .*

[7]) R. E l'imperatiu.

In futuro conjunctivi dicitur ita: *cum amavero, amaveris, rit, amaverimus.*

Inspiciat lector in hujusmodi modis et temporibus, et consideret que verba debet proferre in vulgari suo et quem intellectum habent, quia in vulgari provincialis lingue eumdem sensum habent ista verba quem sua in suo vulgari. [a]) De aliis temporibus infinitivi nolo me intromittere, quia non habent locum in vulgari, nisi parum.

Nec de passivo non oportet dicere ita prolixe, sicut superius de activo; sed aliquantum doctrina simplicior, quia per hoc verbum *sum, es, est,* plane distinguitur, quod vult nominativum casum ante se et post, verbi gratia: *Amor, amaris, tur, amamur, amamini, amantur. Amabar, baris,* vel *amabare, batur, amabamur, amabamini, amabantur. Amatus sum* vel *fui, es* vel *fuisti, est* vel *fuit, sumus* vel *fuimus, estis* vel *fuistis, sunt, fuerunt* vel *ere. Amatus eram* vel *fueram, eras* vel *fueras, erat* vel *fuerat, amati eramus* vel *fueramus, eratis* vel *fueratis, erant* vel *fuerant. Amabor, amaberis* vel *amabere, tur, amabimur, amabimini, amabuntur. Amare, ametur, amemur, amaminor, amamineris, amantor. Amer, amere, tur, amemur, amemini, amentur. Utinam amarer, amareris, amaretur, amaremur, amaremini, amarentur.* Preterito plus quam perfecto: *utinam amatus essem* vel *fuissem, esses* vel *fuisses, essent* vel *fuissent, utinam amati essemus* vel *fuissemus, essetis* vel *fuissetis, essent* vel *fuissent; utinam amer, ameris,* vel *amere, tur, amemur, amemini, amentur.* — Presens conjunctivi est similis futuro optativi, posita hac dictione *cum* loco *utinam.* — In preterito perfecto conjunctivi: *cum ego amarer, tu amareris* vel *amarere, retur, cum amaremini, rentur.* — In preterito perfecto: *cum ama-*

---

[8]) R. E l'optatiu.

[9]) R. El *preterit perfeit* et *plusque perfeit: Deus agues volgut qu'eu fos estat amat* (utinam ego essem vel *fuissem amatus*), *tu fosses estat amat* (tu esses vel *fuisses amatus*), *cel fos estat amat* (ille esset vel *fuisset amatus*), et pluraliter: *Deus agues volgut qe nos fossem estal amat* (utinam nos essemus vel *fuissemus amati*), *vos fosses estat amat* (vos essetis vel *fuissetis amati*), *ill fossen estat amat* (illi essent vel *fuissent amati*).

[10]) L. 187 — Credo quod velit dicere: *m'o volges Deus que ages estat amat.* (glose marginale entourée en rouge).

---

[a]) Cette leçon est celle du ms. de S. Laurent, plut. 41, no. 42. Dans le ms. 187 de la même bibl. on lit seulement: *Inspiciat lector in hujusmodi modis et temporibus, et consideret que verba debet proferre in vulgari provincialis lingue.*

at, etz at, fossen at vel *fosson.* — El preterit perfeit: *cum eu aia
estat amatz, aias stat atz, aia stat aiz, aiam stat at, aiatz stat at,
äien* vel *aion stat amat.* — Lo preterit plus que perfeit del con-
junctiu sembla aquel de l'obtatiu, si metetz *cum* en loc *de Deus
vola.* — El futur: *cum eu aurai estat amatz, auras estat amatz,
aura stat atz, rem estat at, rez estat at, ran* vel *aurau estat at.* —
L'enfenitius del passiu non a loc en vulgar. [1])

Li verbe de la segonda, e de la terza, e de la quarta con-
jugazo son mout divers, si cum: *eu escriu o escrivi,* e dobla se
en la prima persona, — *tu escrius o escrives,* e dobla se en la
seconda, — *cel escri o escriu,* et aisi se dobla en la terza. — *eu dic
o dici, tu dis o dizes, cel ditz.* — *eu fenisc o fenis, tu fenisses,
cel fenis.* — El plural fan tut, *em, etz, en* vel *on.* Et aquel
qu'eu ai dit son de terza; e degra avan dir de la segonda, si
cum: *eu ai, tu as, cel ha.* — *eu tenh o teni, tu tes o tenes, cel te.*
— *eu sai, tu saps, cel sap.* — *eu fenh o fenhi, tu fenhz o fenhes,
cel fenh.* Autretals es *penh, cenh, estrenh, enpenh,* et en plural,
em, etz, en vel *on.*

El preterit non perfeit de l'indicatiu et el futur de l'obtatiu
et el presen del conjunctiu sun senblan tuit li verbe de la se-
gonda et de la terza et de la quarta conjugazo; qu'el preterit
non perfeit fan tut: *ia, ias, ia;* si cum: *eu fingia, tu fingias, cel
fingia;* el plural: *iam, iatz, ien* vel *ion;* si cum: *nos fingiam, vos
fingiatz, cill fingien* [o *fingion*]. De l'indicatiu entendatz general-
men; del conjunctiu a la vegada, quan *si* es pausatz denan, si
cum aici: „s'eu avia mil marcs, eu seria rics om."

El futur de l'indicatiu: *rai, ras, ra, rem, retz, ran* vel *rau;*
si cum: *eu aurai, tu auras, cel aura,* et pluraliter: *nos aurem, vos
auretz, cill auran* [o *aurau.*] — El futur de l'obtatiu, et el pre-
sen del conjunctiu: *a, as, a, am, atz, an* vel *on,* si cum: *Deus
volha q'eu escriva, tu escrivas, cel escriva, escrivam, vatz,* vel
escrivan vel *escrivon.*

El preterit perfeit de l'indicatiu, la prima persona finis en
i, la seconda en *ist,* per la maior part, si-cum: *eu dissi, tu dis-
sist,* — *eu escrissi, tu escrissist,* — *eu tengui, tu tenguist,* — *eu
dormi, tu dormist,* — *eu fezi* vel *fi, tu fezist; eu feissi, tu feissist.*
Mas en la terza persona del singular son mout divers, si cum:
dis, escris, teng, dormi, fetz, feis; e tuit aquel don l'infenitius
fenis en IR solamen, si cum: *auzir, sentir, cubrir, soffrir,* que no

---

[1]) L. 187 ajoute ici: *explicit prima declinatio.*

tus sim vel *fuerim*, *tus sis* vel *fueris*, *tus sit* vel *fuerit*, *amati simus* vel *fuerimus*, *sitis* vel *fueritis*, *sint* vel *fuerint*. Preteritum plus quam perfectum conjunctivi est similis preterito plus quam perfecto optativi, scilicet posito *cum* loco *utinam*. — In futuro: *cum amatus ero* vel *fuero*, *eris* vel *fueris*, *erit* vel *fuerit*, *cum amati erimus* vel *fuerimus*, *eritis* vel *fueritis*, *erint* vel *fuerint*. Infinitivus passivi non habet locum in vulgari.

Verba secunde et tertie et quarte conjugationis sunt multum diversa, verbi gratia: *scribo*; duplicatur enim ibi prima persona; et *scribis*, secunda similiter; et tertia *scribit*. — *Dico*, et hic similiter duplicatur prima et seconda, tertia vero non. Hic similiter duplicatur *finio*. Hic similiter duplicatur *finis* — *finit*. In plurali desinunt omnia in hac syllaba: *finimus*, *finitis*, *finiunt*; et illa que dixi superius sunt de tertia. Videlicet, quia sic ordo postulat, de secunda, verbi gratia: *habeo*, *habes*, *habet*; *teneo*, (duplicatur) *tenes*, (duplicatur in secunda persona) *tenet*; *sapio*, *sapis*, *sapit*; *fingo*, (duplicatur in prima persona et secunda similiter) *fingis*; *fingit*. Talia sunt ista: *pingo*, *cingo*, *stringo*, *impingo* et in plurali, *impingimus*, *impingitis*, *impingunt*.

In preterito imperfecto indicativi et in futuro [optativi] sunt similia omnia verba secunde et tertie et quarte conjugationis, quia omnia preterita imperfecta desinunt ita: *fingebam*, *bas*, *bat*, *fingebamus*, *tis*, *bant* (duplicatur in tertia persona [a]) indicativi). — Debet intelligi generaliter de [indicativo; de] conjunctivo aliquando, quando hec dictio *si* ponitur ante, sicut hic: „Si haberem mille marchas, ego essem dives homo.“

In futuro indicativi, *habebo*, *bis*, *habebit*, *habebimus*, *tis*, *bunt*. In futuro optativi et in presenti conjunctivi desinunt sic, verbi gratia: *utinam scribam*, *as*, *at*, *scribamus*, *tis*, *bant*.

In preterito perfecto indicativi, in prima persona *i*, in secunda *ist*; pro majori parte, verbi gratia: *ego dixi*, *dixisti*; *ego scripsi*, *sti*; *tenui*, *sti*; *dormivi*, *dormivisti*, *feci*, *sti*; *finxi*, *sti*. Sed, in tertia persona singulari, sunt multum diversa, verbi gratia: *dixit*, *scripsit*, *tenuit*, *dormivit*, *fecit*, *finxit*. Et omnia illa quorum infinitivus desinit in hac syllaba [IR] tantum, verbi gratia: *audire*, *sentire*, *cooperire*, *sustinere*, que non possunt duplicari infinitivo

---

[a]) il faut sous-entendre ici *plurali*.

se poden doblar, si cum se dobla *dir, dire; escrir, escrire,* fan la
prima persona et la terza[1]) en *i,* et la segona en *ist* el preterit
perfeit de l'indicatiu, et el plural in *im, itz, iren* vel *iron;* e l'autre,
que no son d'aqest senblan, fan[2]) *em, etz, en* vel *on,* sion de la
segona o de la terza conjugazo, si cum *aguem, aguetz, agren*
vel *agron;* el singular si cum li autre, trait la terza persona que
ditz *ag.*

Tres sun que fan la terza persona del preterit perfeit in oc
el singular: *poc, noc, moc,* el quartz es *ploc.* — in EC: *decazec,
cazec, escazec, parec, aparec, crec.* — in EC estreit: *bec, lec, sec,
tec, dec.* — in EUP: *deceup, conceup, ereup.* — in AUP: *saup,
caup.* — in EIS: *teis, feis, seis, peis, empeis, estreis, destreis, con-
streis, esteis, ateis.* — in ENC estreit: *sovenc, venc, avenc, mantenc,
sostenc.* — in ES estreit:[3]) *mes, pres, ques.* — in ET larg: *ven-
quet, seguet, perseguet, conseguet, mesguet, respondet, perdet, tendet,
batet, pendet, descendet, fendet, vendet, fotet, escondet, encendet;*
que fan tut lo preterit perfeit enteiramen si cum li verbe de la
prima conjugazo, et si sun elh de la segona; e *respondet* e *tondet,*
seguen aquela eissa regla. — in AC: *plac, pac, mentac, ac.* —
in IS: *asis, escris, dis, ris, sumris, enquis.* Pero tut aquist seis
sobredit poden esser semblan en prima persona et en terza el
preterit perfeit. — in UIS: *destruis.* Anquara in ERC: *sufri* o
soferc, ubri o *uberc, cubri* o *cuberc, corec.* — in ERS larc: *ters,
esters.* — in ERS estreit: *ders, aders, aers.* — in ARS: *espars,
ars.* — in OC estreit: *conoc, desconoc, reconoc.* — in OIS estreit:
ois, perois, jois. — in OLC larc: *volc, tolc, colc, molc, dolc.* — in
OS larc: *fos, apos, despos.* — in OS estreit: *escos, ros, escos.* —
in OLS larg: *sols, absols, vols, revols.* — in ONS larg: *tors, destors,
retors.* — in ENS estreit: *tens, prens.* — in AIS: *complais, plais,*

---

¹) R. del singular in *i* et la segona in *ist,* si cum: *eu soffri,* (sustinui),
tu soffris, (sustinuisti), *cel sofri* (sustinuit); el plural fan la prima persona
en *im,* si cum: *nos sofrim* (sustinuimus); *vos sufritz* (sustinuistis); *cill sufri-
ren* o *sufriron* (id est illi sustinuerunt vel sustinuere).

²) R. en plural la prima persona in *em,* si cum *nos aguem* (nos habui-
mus), el singular si cum li autre, trait la terza persona in *ac,* si cum *ac*
(habuit) — *nos dissem* (diximus), *vos disses* (dixistis), *cill dissen* o *disson,*
(dixerunt vel dixere). — L. 187, et L. 42 donnent aussi, dans la traduction
latine: *diximus, dixistis, dixerunt* vel *dixere.*

³) R. in ES estreit, si cum: *mes, misit* (compost: *remes, remisit*), *pres,*

sicut duplicatur *dicere, scribere,* finiunt prima persona et tertia in
hac littera [I], et secunda in hac syllaba [IST], scilicet in pre-
terito perfecto indicativi, et in plurali ita [IM, ITZ, IREN vel IRON].
Et alia verba, que non sunt istis similia, finiunt ita [EM, ETZ,
EN vel ON], in plurali, sicut sunt supradicta, duplicata infinitivo,
vel sint secunde vel tertie conjugationis, verbi gratia: *habuimus,
istis, erunt* vel *ere*; in singulari, sicut alia verba, excepta tertia
persona, que dicit *habuit.*

Tria sunt que desinunt in tertia persona preteriti perfecti in
hac syllaba [OC] in singulari: *potuit, nocuit, movit;* et quartum
est *pluit* in preterito. — Preterita in EC: *divitias amisit, cecidit,
contigit, apparuit, apparuit, crevit,* — *bibit, licuit, sedit, tenuit,
debuit.* Preterita in EUP: *decepit, concepit, convaluit.* — Preterita
in AUP: *Sapuit, cepit.* — Preterita in EIS: *tinxit, finxit, cinxit,
pinxit, impegit, astrinxit, constrinxit, idem,* [a]) *extendit, nactus est.*
Preterita [in ENC]: *recordatus fuit, venit, evenit, patrocinatus est,
sustinuit.* — Preterita in ES: *misit, remisit, quesivit.* — Preterita
in ET: *vicit, secutus est, persecutus est, consecutus est, miscuit,
respondit, perdidit, tetendit, percussit, suspendit, descendit, divisit,
vendidit, futuit, abscondit, incendit,* quorum desinit preteritum per-
fectum integre sicut verba prime conjugationis, quamvis sint
secunde; et *respondit* et *totondit* sequntur eamdem regulam. —
Preterita in AC: *Placuit, pavit, nominavit, habuit.* — In IS: *sedit,
scripsit, dixit, risit, subrisit, inquisivit.* Tum omnia ista sex supra-
dicta possunt esse similia in prima persona et in tertia, in pre-
terito perfecto. — In UIS: *destruxit,* (persona tertia) in ERC:
qui passus est, idem, aperuit, idem, cooperuit, idem, cucurrit. —
Hac syllaba [ERS]: *tersit, extersit.* In hac syllaba [ERS estreit]:
erexit, necessaria dedit, hesit. — Hac syllaba [ARS]: *sparsit, arsit.*
Hac syllaba [OC]: *cognovit, ignoravit, recognovit.* Hac sillaba
[OIS]: *unxit, perunxit, junxit.* In hac sillaba [OLC]: *voluit, abstulit,
coluit, moluit, doluit.* Hac syllaba [larga OS]: *fodit, appo-
suit, deposuit.* Hac syllaba [stricta OS] *excussit, rodit, abs-
condit.* Hac syllaba [OLS]: *solvit, absolvit, voluit, revolvit.* Hac
syllaba [ORS]: *torsit, distorsit, retorsit.* Hac syllaba [ENS]: *timuit,
pressit.* [Hac syllaba AIS] *conquestus est, planxit, fregit, refregit,
consolatus est, humiliavit, traxit cum arcu, attraxit, narravit, debi-*

---

prendit, (compost, si cum *apres,* apprehendit, *repres,* reprehendit), *ques,* quesi-
vit, (compost, si cum *reques,* requisivit).

---

[a]) *Idem.* — Le traducteur veut dire: *même sens que le mot précédent.*

frais, refrais, afrais, sofrais, trais, atrais, retrais, contrais, pertrais, sostrais, tais, atais. — in AUS: *claus.*

E per so ait fait tant longa paraula de la terza persona del preterit perfeit, quar maiers confusios era en aquela que en totas las autras, quar per la maior part la prima persona fenis en I, e la segonda in IST, (del preterit perfect de l'indicatiu entendatz, on per la maior part la prima e la segonda persona sun semblan.) Del preterit non perfeit de la segonda e de la terza, et de la quarta conjugazo tut son d'un semblan, si cum es dit desus:[1] *ia, ias, ia, iam, iatz, ien* vel *ion.*

El preterit plus que perfeit, tut aquelh, don l'infinitius fenis in ENDRE,[2] vel in ETRE, vel in ATRE, vel in ONDRE, vel in OTRE, si cum: *tendre* (conpost), *prendre* (conpost), — in EBRE, *decebre* (conpost), — *fendre, pendre* (conpost). — *metre* (conpost), *batre* (conpost), *respondre, escondre, fotre,* — et in ER, si cum: *aver, poder, tener, saber, dever,* sun senblan a la prima conjugazo, mudat AT in UT; et aquelh don l'enfinitius fenis in IR, mudat AT in IT, trait tres que muden AT in ONTH: *ponher, jonher, onher;* e *vezer,* mudat AT in IST. E trait *prendre* e *metre* ab lor conpost, que muden AT in ES. E trait *escondre,* (AT in OS.) E trait *penher, fenher, empenher, tenher, cenher* ab totz sos conpost, que muden AT in EINHT, et *atenher* eissamen. Trait *estrenher* ab totz sos conpost que muda AT in EIT, si cum: *eu avia amat, eu avia saubut, pogut, conogut, tengut, degut, agut,* — *eu avia auzit, legit, escrit, dit,* — *eu avia pres, mes,* — *poinht, oinht, jonht,* — *estreit, destreit,* — *feinht, peinht, teinht, ceinth, empeinth.*

El futur de l'indicatiu sun semblans totas las quatre conjugazos: *amarai, ras, ra, rem, retz, ran* vel *rau.*[3] E la segonda persona de l'imperatiu fenis aici cum la terza persona del presen de l'indicatiu singular, trait aquest verbe *saber,* que fa

---

[1] R. Si cum: *eu avia, tu avias, cel avia, nos aviam, vos aviatz, ill avien* o *avion.*

[2] R. fenis en ENDRE, si cum *prendre,* o en ETRE, si cum *metre,* o in ATRE, si cum *batre,* o in ONDRE, si cum *escondre,* o in OTRE, si cum *fotre.*

[3] R. El presen de l'imperatiu fenissen totas las conjugazos, trait la prima persona, la segonda persona del singular in AS, si cum *digas* (*dic tu*), a terza in A, si cum *diga cel* (*dicat ille*). El plural, la prima in AM, si

lem fecit, valde traxit, subripuit, expedivit, pertinuit. Hac syllaba [AUS], *clausit.*

Et ideo feci tam prolixum sermonem de tertia persona preteriti perfecti, quia major confusio erat in illa quam in omnibus aliis personis, quia, pro majori parte, prima persona desinit in hac littera [I], et secunda in hac syllaba [IST], (de preterito indicativi intelligatis, ubi, pro majori parte, prima et secunda persona sunt similes.) De preterito imperfecto secunde et tertie et quarte conjugationis, omnia verba sunt similia, sicut dictum est superius.

In preterito plus quam perfecto, omnia illa verba quorum infinitivus desinit ita, in ENDRE [vel in ETRE vel in ATRE vel in ONDRE vel in OTRE]: *tendere* (compositum), *prendere* (compositum), *decipere* (compositum), *findere*, *pendere* (compositum), *mittere* (compositum), *percutere* (compositum), *respondere, excutere, coire;* et in hac syllaba [ER], verbi gratia: *habere, posse, tenere, sapere, debere,* sunt similia prime conjugationi, mutata syllaba hac AT in UT, et illa, quorum infinitivus desinit in hac [IR], syllaba mutata [AT in IT]. Ab hac regula excipiuntur tres, ubi loco AT ponitur ONHT: *pungere, jungere, ungere.* Excipitur et *videre*, mutat [AT in IST]. Et hoc excepto *prendere,* et hoc verbo excepto *mittere,* cum omnibus suis compositis, que mutant [AT in ES]. Excepto etiam *excutere,* qui mutat [AT in OS]. Et exceptis his: *pingere, fingere, impingere, tingere, cingere,* cum omnibus suis compositis, que mutant [AT in EINTH] et *attingere* similiter. Excepto *stringere* cum omnibus suis compositis que mutant AT in EIT, verbi gratia: *amaveram, sciveram, potueram, cognoveram, tenueram, debueram, habueram, audieram, legeram, scripseram, dixeram, ceperam, miseram, punxeram, unxeram, junxeram, strinxeram, finxeram, pinxeram, tinxeram, cinxeram, impegeram.*

In futuro indicativi sunt similes in omnibus quatuor conjugationes: *Amabo, amabis, bit, amabimus, tis, bunt.* Et secunda persona imperativi desinit ita ut tertia persona presentis indicativi singularis, excepto hoc verbo *sapere.* Et imperativus prime

---

cum *digam,* (*dicamus nos*), la segonda in AZ, si cum *digatz* (*dicite vos*), la terza in ON, si cum *digon* (*dicant illi*). Mas aissi faill la regla en la segonda persona del singular per la maior part, si cum: *pren, repren, peinh, oinh, streinh* e generalmen tuit finissen si cum en l'infinitiu, trait la ultima sillaba, si cum *batre* qe fait *bat,* et *audir,* qe fai *au,* et *escondre* qe fai *escon* et *legir* qe fai *leg.* En la terza persona fan tuit en A, si cun es dit desus, si cum *bata, auia, lega, saza.* El futur de l'imperatiu de totas las conjugazos fan tuit aissi con lo futur de l'indicatiu, si cum es dit desus.

sapchas e l'emperatiu. E l'emperatius de la prima fenis en A, en seconda persona; en terza, in E, si cum: *ama tu, ame cel, amem nos, amatz vos, amen cel* o *amon*. Et es lo futurs de l'emperatiu tals cum lo presens.

Lo presens de l'obtatiu vol en totas conjugazos, trait la prima, generalmen fenir en *ria, rias, ria, riam, riatz, rien* vel *rion*. El preterit plus que perfeit fenis in *agues, aguesses, agues, aguessem, aguessetz, aguessen* vel *aguesson*, ajustat UT en la fin, en totas personas, si lo verbes es de la seconda conjugazo o de la terza; [1]) si es de la quarta, IT. Pero segon que lo preterit plus que perfeit de l'indicatiu es formatz, sun tuit li preterit plus que perfeit format, ajustat *agues* el cap, si cum: *s'eu agues saubut, s'ieu agues tengut, perdut, conogut, pogut; s'eu agues ausit, escrit, dormit, delit, aunit,* si cum se conte plus pleneramen desus.

[2]) El preterit plus que perfeit de l'indicatiu, el futur de l'obtatiu, el presens del conjunctiu sun semblan, que fenissen, *a, as, a, am, atz, an* vel *on*, si cum: *eu sia, tu sias, cel sia, cum nos siam, vos siatz, cel sian* vel *sion*.

El preterit non perfeit del conjunctiu, si es de la segonda o de la terza: *es, esses, es, essem, essetz, essen,* cum de la prima, si cum: *cum eu agues, tu aguesses, cel agues, cum nos aguessem, vos aguessetz, celh aguessen* vel *aguesson.* Si es de la quarta, *is, isses, is, issem, issetz, issen* vel *isson,* si cum: *eu dormis, tu dormisses, cel dormis, cum nos dormissem, [vos dormissetz, celh dormissen]* vel *dormisson.*

Lo preterit perfeit del conjunctiu: *aia ut, aias ut, aia ut, aiam ut, aiatz ut; aien* vel *aian ut,* si es de la segonda o de la terza conjugazo, si cum: *eu aia tendut, tu aias tendut, cel aia tendut, nos aiam tendut; vos aiatz tendut, celh aion* o *aien tendut.* — Si es de la quarta, muda UT in IT, si cum: *eu aia sentit, tu aias sentit, cel aia sentit, nos aiam sentit, vos aiatz sentit, celh aien* o *aion sentit.*

---

[1]) R. Si es de la quarta conjugazon, si cum *auzir, servir,* mutat AT in IT, si cum *Deus volgues qu'eu agues servit* o *qu'eu agues auzit.*

[2]) R. El futurs optatius el presens del conjunctiu sun semblan que finissen en la prima persona en A, si cum *Deus no voilla qu'eu aia* o *cum eu aia* o *cum eu scriva* o *cum eu diga;* la segonda in AS, *tu scrivas,* o *que tu aias* o *sias;* la terza si cum *Deus voillia qu'el sia* o *qu'el scriva* o *cum el escriva* o *qu'el sia;* el plural, la prima persona in AM, si cum *Deus voillia que nos aiam* o *siam* o *scrivam* o *cum nos voilliam* o *tengam;* la seconda in

conjugationis desinit sic in secunda persona [in A], et in tertia in E, verbi gratia: *ama tu, amet ille, amemus nos, amate vos, ament illi.*

Presens optativi vult in omnibus conjugationibus ita finire: *utinam amarem, res, ret, amaremus, tis, rent.* In preterito plus quam perfecto: *utinam amavissem, ses, set; amavissemus, tis, sent,* addita hac syllaba [UT], in fine, in omnibus personis, si verbum est secunde conjugationis; si prime, AT; si tertie, UT; si est quarte, IT. Secundum formationem preteriti plusquam perfecti indicativi formantur alia preterita plusquam perfecta, posita hac dictione *agues*, loco *avia*, verbi gratia: *si scivissem, si tenuissem,* et sic de singulis: *agues perditum, cognitum; si audissem,* et sic de singulis: *dormitum, destructum, vituperatum,* sicut plenius continetur in preterito superius.

Et preteritum plusquam perfectum indicativi, et futurum optativi, et presens conjunctivi sunt similia, in secunda, et in tertia, et in quarta conjugatione, que desinunt ita: *dicam, dicas, cat, dicamus, tis, cant,* verbi gratia: *cum sim, sis, sit; cum simus, sitis, sint.*

In preterito inperfecto conjunctivi, si est secunde videlicet conjugationis, vel tertie: *rem, res, ret, remus, tis, rent,* sicut in prima conjugatione dictum est, verbi gratia: *cum haberem, res, ret, haberemus, tis, rent.* Si est quarte, verbi gratia: *cum dormirem, res, ret;* in plurali: *cum dormiremus, tis, rent.*

[Preteritum perfectum conjunctivi] hoc duplici modo potest dici videlicet secunde et tertie conjugationis: prima persona [*aia ut*], secunda [*ias ut*], tertia [*aia ut*]. In plurali, prima persona [*aiam ut*], secunda [*aiatz ut*], tertia [*aien* vel *aion ut*], si est secunde vel tertie conjugationis, verbi gratia: *cum tetenderim, tetenderis, tetenderit;* in plurali, prima persona, *cum tetenderimus;* secunda, *tetenderitis;* persona tertia, *tetenderint* et *sic.* Si est quarte conjugationis, videlicet mutata hac syllaba [UT in IT], verbi gratia: *cum sentierim,* in singulari prime persone; secunda, *sentieris;* tertia, *sentierit;* in plurali, prima persona, *cum sentierimus,* secunda, *sentieritis,* tertia persona, *sentierint.*

AZ, si cum *Deus voillia que vos aiaz, que vos siaz, o cum vos roilliaz,* la terza in AN o in ON, si cum *Deus voillia que ill aian o sian, o cum ill tenian.*

Lo preterit plus que perfeit del conjunctiu es tals cum de l'obtatiu. El futur cum: *eu aurai tengut, tu auras tengut, cel aura tengut, nos aurem tengut, vos auretz tengut, celh auran* o *aurau tengut,* si es de la segona o de la terza. Si es de la quarta, muda UT in IT.

De l'infinitiu es ditz assatz dessus, al comenzamen dels verbes. Lo passius de las autras conjugazos, si cum es dit de la primera sia totz per ordre, fors que en la segonda et en la terza muda AT in UT, et en la quarta AT in IT.

Et aquist sun li verbe de la prima conjugazo:

LI VERBE DE LA PRIMIERA CONJUGAZO.

Amar — *amare.*
adirar — *odire.*
albergar — *ospitare.*
ostalar — *idem quod ospitari.*
aripar — *de aqua ad ripam venire.*
aspirar — *aspirare.*
anelar — *anhelare.*
anar — *ambulare.*
arar — *arare.*
adagar — *adaquare.*
asclar — *findere ligna.*
alargar — *laxare.*
violar, viular — *violare.*
arpar — *arpam sonare.*
sitular, scitolar — *citarizare.*
madurar, mandurar — *manduram sonare.*
organar — *organizare.*
cornar — *tubam sonare.*
trombar, trumbar — *tubis ereis sonare.*
caramelar — *cum fistulis canere.*
assaiar — *tractare vel probare.*
ademprar — *amicos rogare.*
armar — *armare.*
amblar — *plane ambulare.*
aiornar — *diem assignare vel clarescere.*
acorsar — *concursum provocare.* [1]
assoudar — *stipendiari.*
agradar — *placere.*
auzelar — *aves venari.*

agulonar — *stimulare.*
alongar — *prolongare.*
abetar — *decipere verbis.*
abastar — *sufficere.*
aprimar — *subtiliare.*
aprimairar — *ad primos venire.*
arezar, arozhar, — *procurare vel ministrare necessaria.*
atainar — *impedire.*
afiar — *securitatem dare.*
amparar — *occupare.*
assegurar — *securum reddere.*
albirar — *estimare.*
adantar — *valde placere.* [1]
avinazar — *vino inbuere.*
assautar — *provocare ad pugnam.*
aprosmar — *appropinquare.*

Badar — *os aperire.*
balar — *saltare ad vielam vel ad aliquid.*
bairar [2] — *ponere serram in ostio.*
baronear — *signa baronis ostendere — vel jactare se.*
baconar — *porcos interficere et ponere in sale.*
baratar — *stulte vel dolose expendere.*

---

[1] var. *provocare ad cursum.*

[1] quoique les mss. donnent *adantar,* il faut lire *adautar,* ou mieux *azautar,* charmer.

[2] *Bairar* pour *barrar.*

Preteritum plus quam perfectum conjunctivi est tale quale optativi. Dicitur ita in futuro : *cum tenuero, tenueris, rit*; in plurali, *cum tenuerimus, tenueritis, tenuerint.* Debet ita intelligi si est secunde vel tertie conjugationis; si est quarte, mutat hanc syllabam UT in IT.

De infinitivo dictum est satis superius, in principio, cum cepi loqui de verbis. Passivum aliarum conjugationum, sicut dictum est de prima, sit totum per ordinem, excepto hoc quod in secunda et tertia conjugatione mutat hanc syllabam AT in UT, et in quarta mutat AT in IT.

bateiar — *baptizare.*
barutelar — *farinam subtiliare.*
braciar, braceiar — *brachiis mensurare.*
blanqueiar — *candescere.*
barreiar — *inpetuose rapere.*
belar, bellar — *ad oves pertinet, — bella ferre.*
bendar — *cum victis (vittis) caput stringere mulieris.*
bresar — *ad capiendum aves sonum facere.*
bretoneiar — *loqui impetuose.*
bleseiar — *sonare* c. *loco* s.
bendelar — *oculos ligare.*
bullar — *bullare.*
bufar — *ore insufflare.*
brusar — *incendere.*
buscalar — *ligna parva colligere.*
brisar — *minutatim frangere.*
baissar — *osculari vel demittere.*
biordar — *discurrere cum equis.*

Cantar — *cantare.*
calfar — *caleficere, calefieri.*
calar — *tacere.*
cazar — *venari.*
caminar — *equitare per stratas.*
camiar — *mutare.*
cambiar — *ad monetam pertinet, dare unam pro alia.*
castiar — *castigare.*
castiglar — *digitum ponere sub ascella alterius ad provocandum ludum.*

cavar — *cavare.*
carcelar — *portare sarcinam cum asinis.*
cembelar — *ostendere avem ad capiendum aliam.*
classeiar — *campanas pulsare.*
clamar — *clamare.*
cagar — *superflua ventris facere.*
cremar — *incendere.*
celar — *celare.*
cercar — *investigare.*
cessar — *cessare.*
cembar — *tibias valde movere.*
cisclar — *valde clamare cum voce subtili.*
citar — *citare.*
cinglar — *stringere equum cum cingla.*
cridar — *personare voce.*
crivelar — *bladum purgare.*
conortar — *consolari.*
confortar — *confortare.*
coronar — *coronare.*
cobeitar — *concupiscere.*
corolar vel coreiar — *coreas ducere.*
cobleiar — *coblas facere.*
consirar — *considerare.*
cobrar — *recuperare.*
colar — *colare.*
condeiar — *valde se in cunctis aptare.*
conselhar — *consilium dare.*
contar — *computare.*
congagar — *cum stercore deturpare.*

Damnar — *damnare.*
danzar — *ad coreas saltare.*
daurar — *deaurare.* compost, so-
bredaurar.
divinar — *divinare.*
descombrar — *ab impedimento lo-
cum purgare.*
derocar — *diruere.*
destorbar — *in aliquo facto se
opponere.*
distringar — *occasionem omnem
dare.*
derengar — *de serie militem exire.*
desgitar — *eicere.*
despolhar — *expoliare.*
delivrar — *liberare.*
demandar — *requirere.*
desmandar — *mandata revocare.*
dejunar — *jejunare.*
descauzar — *discalceare.*
desarmar — *arma deponere.*
despulzelar — *corrumpere vir-
ginem.*
desirar — *desiderare.*
degolar — *precipitare, decapitare.*
desviar — *deviare.*
descargar — *exonerare.*
deripar, deribar — *extra ripam
exire.*
desclavar — *clavos extrahere.*
desarrar — *aperire, serram au-
ferre.*
desfublar — *pallium deponere.*
detirar — *valde trahere.*
desdejunar — *frangere jejunium.*
disnar — *prandere.*
dictar — *dictare.*
dissipar — *dissipare.*
donar — *donare.*
doneiar — *cum dominabus loqui
de amore.*
doblar — *duplicare.*
dolar — *dolare.*
doptar — *dubitare.*
durar — *durare.*

Estar — *stare.*
espiar — *inquirere.*
esquivar — *devitare.*
esperar — *sperare.*
emblar — *furari.*
errar — *errare.*

esperonar — *calcaribus equum ur-
gere.*
essugar — *siccare.*
enganar — *fallere.*
enastar — *in ligno ad hastam
deponere.*
endurar — *jejunare.*
enbargar — *impedire.*
enanzar — *proficere in aliquo.*
esmaiar — *timore deficere.*
ensenhar — *docere.*
enviar — *trasmictere.*
essauzar, essauchar — *probare.*
effredar — *timorem immittere.*
esforzar — *vires colligere.*
encolpar — *inculpare.*
enpenar — *in pignore mittere.*
enumbrar — *propter umbram ti-
mere vel sensum amittere.*
enebriar — *inebriare.*
escampar — *evadere.*
escoissar — *per coxas dividere.*
escortigar — *excoriare.*
embotar — *utrem implere.*
essaurar — *ad auram exire.*
ensanglentar — *sanguine pol-
luere.*
esmendar — *emendare.*
encausar — *fugare.*
enclavar — *clavum in pedem
figere.*
escracar — *tussiendo spiritum emi-
ctere.*
esemplar, essemblar — *exemplare.*
entamenar — *panis partem vel
panni vel alicujus rei au-
ferre.*
esbudelar — *intestina de ventre
trahere.*
enflar — *inflare.*
enbriar — *crescere.*
estoiar — *reponere.*
ensacar — *in sachum mittere.*
enborsar — *in bursam mittere.*
enarbrar — *erigere duos pedes et
in duobus sustentari.*
esmerar — *depurare.*
enrabiar — *in rabiem venire.*
escolhar — *castrare.*
elumenar, enlumenar — *illumi-
nare.*
eniuragar — *lolio inficere.*

.Far — *facere.*
faiturar — *maleficiare.*
fadeiar — *stultitiam facere.*
fadiar — *repulsam pati.*
fabregar — *fabricare.*
fermar — *firmare.*
formar — *formare.*
ferrar — *ferrare.*
fiar — *confidere.* compost, affiar, deffiar.
filar — *nere.*
folar, follar — *sub pedibus calcare.*
affolar — *deteriorare.*
afogar — *ignem ponere.*
ofegar — *suffocare.*
forzar — *vim facere.*

Gardar — *custodire vel respicere.* (compost).
garar — *idem.*
galopar — *inter trotare et currere, saltus parvos facere.*
gastar — *devastare.* compost, degastar.
gratar — *scalpere.*
gasanhar — *lucrari.*
gaitar — *vigilare ad custodiam.*
gelar — *congelare.*
greviar — *gravare.*
glenar, grenar — *spicas post messores colligere.*
gitar — *jacere, jactare.*
guidar — *guidare.*
galliar — *fallere.*
glazar — *gelu constringere.*
governar — *gubernare.*
gotar — *stillare.* compost, degotar.
glotoneiar — *ingluviem facere.*

Intrar — *intrare.*
izalar, inzalar — *propter muscam fugere, ad boves pertinet.*

Jurar — *jurare.*
jogar — *ludere.*
jutjar — *judicare.*
justiziar — *justitiam exhibere.*

Lauzar — *laudare.*
lavar — *lavare.*

latrar, lairar — *latrare.*
laissar — *dimittere.*
lassar — *fatigare.*
laborar — *laborare.*
latinar — *latine loqui.*
leviar — *alleviare.*
levar — *levare.*
lecar — *lecare, lingere.*
listar, listrar — *per virgas ornare.*
livrar — *dare.* compost, delivrar.
lipsar — *polire.*
luitar — *luctari.*

Manjar — *manducare.*
matar — *matare.*
mandar — *mandare.*
maridar — *maritare.*
macerar — *macerare, ad panificationem pertinet.*
mallevar — *fidejubere.*
mascarar — *carbone tingere.*
menar — *minare, vel conducere.*
menazar — *minari.*
melhurar — *meliorare.*
mesurar — *mensurare.*
mezinar — *medicinam dare.*
mendigar — *mendicare.*
mescabar — *infortunio amittere.*
menbrar — *recordari.* compost, remembrar.
mercadar — *mercari.*
meraveilhar — *mirari.*
mesclar — *litigare.*
madurar — *maturare.*
matar — *percutere.*
mirar — *in speculo inspicere.*
mostrar — *monstrare.*
moscar — *muscas abigere.*
moscidar, mosciclar — *cum naribus insufflare.*
montar — *ascendere.*
monestar — *monere.*
meitadar — *medium facere unius coloris, medium alii.*

Naveiar — *navigare.*
nadar — *natare.*
nafrar — *vulnerare.*
negar — *aquis suffocare.*
neblar — *nebula operire.*
nivar, nevar — *ningere.*

notar — *notare.*
nombrar — *numerare.*
nomnar — *nominare.*

Obrar — *operari.*
onrar — *honorare.*
orar — *orare.*
ondeiar — *undis tumescere.*
onzeiar — *uncias pedum curvare.*
odorar — *odorare.*
occaisonar — *occasiones querere.*
oscar — *ditare.*
ostar — *removere.*
ostalar — *in hospitium intrare.*
oblidar — *oblivisci.*

Parar — *parare.* compost, repa-
   rar.
passeiar — *passus magnos facere.*
pausar — *requiescere.*
parlar — *loqui.*
pagar — *pecuniam solvere.*
passar — *transire.* compost, tras-
   passar.
pastar — *farinam cum aqua mi-
   scere.*
plaideiar — *causari.*
plantar — *plantare.*
plazeiar — *per plateas ire.*
praticar — *practicare.*
pantaiar — *sompniare.*
penar — *penam sustinere.*
pegnorar, penhurar — *pignus au-
   ferre.*
peiorar — *peiorare.*
pelar — *depilare vel pilos au-
   ferre.*
pescar — *piscari.*
pecar — *peccare.*
pezeiar — *minutatim frangere.*
petazar — *reficere vetera.*
perilhar — *periclitari.*
pensar — *meditare.*
pezucar, pezugar — *cum duobus
   digitis aliquid stringere.*
pesar — *ponderare, vel moleste
   ferre.*
pectenar — *pectinare.*
pertusar — *perforare.*
presicar, prezicar — *predicare.*
presentar — *presentare.*
   (compost).

pregar — *precari.*
prezar — *apreciare.*
perjurar — *perjurare.*
plegar — *plicare.*
prestar — *mutuare.*
pissar — *mingere.*
picar — *picare.*
pistar — *terere.*
portar — *portare.*
pongilar, ponzilar — *ad diruen-
   dum murum ligna ponere, vel
   diruere murum cum ligno.*
ponzeiar — *ponere beneficia aliis.*
podar — *inprobare, vel putare vi-
   neas.*
poiar — *ascendere.*
    (compost).
plorar — *flere.*
proar, prohar — *probare.*
plovinar — *frequenter pluere.*
pomelar — *pomum in aerem proi-
   cere.*
polsar — *valde anhelare.*
pontar — *punctare.*
purgar — *purgare.*

Quarar — *quadrare.*
quitar — *immunem reddere.*
quintar — *quintam partem tollere,
   colligere.*
quartar — *quartam partem id.*

Raubar — *rapinam exercere.*
rancurar — *conqueri.*
razonar — *rationem reddere.*
ranpoinar — *dicere verba contra-
   ria derisorie.*
rautar — *subito de manu auferre.*
rasclar — *cum ligno radere.*
raiar, radiar — *radiare.*
ranqueiar, rauqueirar — *claudi-
   care.*
restaurar — *restaurare.*
refiudar — *refutare.*
regardar — *respicere.*
remirar — *valde respicere.*
reparar — *reparare.*
renoelar — *renovare.*
revelar — *rebellare.*
remandar — *remandare.*
remembrar — *recordari.*
respirar — *respirare.*

revelhar — *excitare.*
rimar — *rimas facere.*
ribar — *clavos repercutere.*
   (compost.)
rodar — *in circuitu ire.*
romiar — *romicare, ruminare.*
ructar, rotar — *eructare.*
roflar — *dormiendo insufflare.*
roucar — *turpiter cum gula, bar-*
   rire.
rosseiar — *rubescere.*
roilhar — *rubigine inficere.*
rogeiar — *rubescere. (var.) croco*
   rubescere vel nitescere.
rocegar — *trahere cum equis.*

Sautar — *saltare.*
sadolar — *satiare.*
saborar — *saporare.*
sanar — *sanare.*
sarrar — *firmare hostium. (var.)*
   claudere vel firmare.
salvar — *salvare.*
saludar — *salutare.*
sagetar — *sagittare.*
sanglentar — *sanguine polluere.*
sagrar — *sacrare.*
sacrifiar — *sacrificare.*
senhar — *signare.*
secar — *siccare.*
seminar — *seminare.*
selar — *sternere equum.*
segar — *resecare herbas.*
senhoreiar — *dominari.*
siblar — *sibilare.*
semblar — *similare.*
   (compositum.)
sebrar — *separare.*
soñar — *sonare.*
somnhar — *sompniare.*
sopar — *cenare.*
soflar — *cum naribus spirare.*
sosteirar — *sepelire.*
soanar — *recusare.*
sospirar — *suspirare.*
solazar — *verbis ludere.*
solar — *soleras mittere.*
sugautar, sogautar — *super gulam*
   percutere.
sostar, sostrar — *inducias dare.*
sobdar — *ex improviso prevenire.*
sobranceiar — *superbe se erigere.*

sobrar — *superare.*
sordeiar — *deteriorare.*
solelhar — *ad solem calefacere.*
suar, souar — *sudare.*
sugar — *sugitare.*

Taular — *invictus manere — utrum-*
   que ludum ordinare.
entaular — *ludum ordinare*
trainar — *ad caudam equorum*
   trahere — fraudulenter ad se
   trahere.
travar — *duos pedes equi ligare.*
entravar — *idem.*
trasbucar — *ruere.*
tamborezar — *timpanizare.*
tabureiar — *timpanare.*
tauleiar — *tabulas parvas sonare.*
talar — *vastare.*
talhar — *resecare.*
tabustar — *tumultuare.*
tastar — *tangere vel gustare.*
traucar — *perforare.*
traversar — *per transversum ire.*
entraversar — *in oblicum se oppo-*
   nere.
tremblar — *tremere.*
trescar — *coream intricatam du-*
   cere. (var.) facere.
trencar — *secare.*
trepar — *manibus ludere.*
treblar — *turbare aquam vel ali-*
   quem liquorem.
terzar — *tertiam partem sumere.*
tenzar — *litigare.*
temprar — *temperare.*
trevar — *frequentare.*
entrevar — *treuguas facere.*
triar — *eligere.*
trichar — *fraudari.*
trissar — *terere.*
tribolar — *tribulare.*
tronar — *tonare.*
tombar — *tomare.*
torbar — *turbare.*
tostar — *assare.*
trobar — *invenire.*
toccar — *tangere.*
trombar — *tuba sonare.*
trotar — *trotare.*
trossar — *post se malam ligare.*

3

trolhar — *in torculari premere.*
trufar — *verba varia dicere vel fallere.*

Vantar, vanturar — *jactare se.*
vairar — *variare.*
varar — *mittere navem in pelago.*
ventar — *ad ventum exponere.*
vedar — *vetare.*
velhar — *vigilare.*
vergonhar — *erubescere.*
• verniar, vernhissar — *vernicare, arma prout picturas illustrare.*
vespertinar — *in vespere parum gustare.*

vengiar, venjar, vengar — *vindicare.*
verdeiar — *virescere.*
versificar, versifiar — *versificari.*
vergar — *virgas facere.*
visitar — *visitare.*
virar — *volvere.*

Udolar — *ululare.*
ucar — *voce sine verbis aliquem vocare.*
usclar — *pilos comburere, vel axolare.*
urtar — *frontem contra frontem ponere.*
usar — *usitare.*

DE LA SECONDA CONJUGAZO.

aver — *habere.*
assezer — *sedere.*
caber — *capere.*
saper — *sapere.*
dever — *debere.*
tener — *tenere.*
retener — *retinere.*
abstener — *abstinere.*
pertener — *pertinere.*
mantener — *patrocinium dare.*
cazer — *cadere.*
decazer — *depauperare.*
escazer — *competere.*
voler — *velle.*
plazer — *placere.*
desplazer — *displicere.*
valer — *valere.*
traire — *trahere.*
atraire — *ad se trahere.*
pertraire — *ad aliquod opus necessaria facere.*
retraire — *referre.*
fortraire — *furtim subripere.*
sotztraire — *subtrahere.*
estenher — *extinguere.*
pinher — *pingere.*
enpenher — *impingere, vel pellere.*
fenher — *fingere.*
cenher — *cingere.*
tenher — *tingere.*

destenher — *tincturam removere.*
estrenher — *stringere.*
destrenher — *constringere.*
cresser — *crescere.*
beure — *bibere.*
moure — *movere.*
viure — *vivere.*
vincer, vencher — *vincere.*
percebre — *percipere.*
decebre — *decipere.*
recebre — *recipere.*
concebre — *concipere.*
respondre — *respondere.*
fendre — *findere.*
defendre — *defendere.*
encendre — *adustionem pati.*
fondre — *fundere vel liquefieri.*
confondre — *ad nichilum redigere.*
tendre — *tendere.*
estendre — *extendere.*
destendre — *distendere, arcum vel balistam laxare.*
contendre — *contendere.*
atendre — *expectare vel promissum solvere.*
vendre — *vendere.*
revendre — *iterum vendere.*
escoscendre, escoissendre — *per cossas scindere, vel pannos scindere.*

prendre — *prendere, apprendere, addiscere.*

aprendre — *addiscere.*

desaprendre — *dediscere.*

mesprendre — *derelinquere.*

sobreprendre — *reprehendere vel subito prendere.*

enprendre — *disponere.*

esprendre — *accendere.*

esconprendre — *simul accendere vel valde.*

antreprendre — *ante prendere.*

pendre — *pendere (media correpta vel producta).*

despendre — *a suspendio deponere.*

escondre — *excutere granum.*

secodre — *concutere.*

corre — *currere.*

acorre — *succurrere.*

socorre — *idem est.*

segre — *sequi.*

persegre — *persequi.*

consegre — *consequi.*

raire — *radere.*

ponre — *apponere, ovum facere.*

uponre — *apponere.*

desponre — *disponere, deponere.*

querre — *querere.*

conquerre — *acquirere.*

vezer — *videre.*

escrire — *scribere.*

dire o dir — *dicere.*

ploure — *pluere.*

tondre — *tondere (media producta).*

devire, o devir — *dividere.*

aucir, o aucire — *occidere.*

assir o assire — *obsidere.*

eslir o eslire — *eligere.*

frire — *frigere.*

refrire — *resonare.*

rire — *ridere.*

creire — *credere.*

metre — *mittere.*

prometre — *promittere.*

trametre — *transmittere.*

esdemetre — *assultum facere.*

escometre — *provocare.*

claure — *claudere.*

Tut li verbe sobredit don l'infinitius fenis in ER sun de la seconda conjugazo, et tut li altre de la terza, d'aquel loc en sai on fenissen celh de la prima.

Omnia verba supradicta, quorum infinitivus finit in hac syllaba [ER] sunt secunde conjugationis; et omnia alia verba sunt tertie conjugationis, videlicet ab illo loco ubi finiunt prime conjugationis.

DE LA QUARTA SUN:

auzir — *audire.*

aunir — *vituperare.*

abelir — *pulchrum esse.*

benezir — *benedicere.*

bondir — *apum est, sonare.*

amanoir — *preparare.*

bruir — *facere tumultum.*

bandir — *per preconem precipere.*

brandir — *concutere.*

blandir — *blandiri.*

blazir — *marcescere.*

blanquir — *candescere.*

cauzir — *eligere.*

descauzir — *vituperare.*

glozir, clozir — *galinarum est.*

gropir, cropir — *super talos sedere.*

agropir, acropir — *idem est.*

coprir vel cobrir — *coprire.*

descobrir — *discoperire.*

recobrir — *iterum operiri.*

cuilbir, culhir — *colligere.*

3*

acuilhir, aculhir — *recipere ali-*
    quem benigne.
reculhir, recolhir — *fovere, recolli-*
    gere.
escofir — *sconficere.*
delir — *destruere.*
entruandir — *mores trutani ha-*
    bere.
endir — *inire.*
espelir — *avem de ovo exire.*
enfoletir — *stultum facere.*
enriquir — *ditare.*
enpaubrezir — *ad pauperiem ve-*
    nire.
envilanir — *pro rustico habere.*
escarnir — *deridere.*
escrimir — *cum ense ludere.*
escupir — *spuere.*
ennantir — *ante mittere.*
envazir — *invadere.*
estremir vel eschovir — *tremefa-*
    cere.
escemir, escernir — *perficere.*
falhir — *delinquere.*

fenir — *finire,*
fremir — *fremere.*
ferir — *ferire.*
freicir — *frigescere.*
flechir, fletir — *flectere.*
febletir, flebechir — *debilitare.*
florir — *florere.*
fornir — *necessaria dare.*
fronzir, fronchir — *rugas fa-*
    cere.
forbir — *polire vel tergere.*
fugir — *fugere.*
grazir — *gratias agere.*
gandir — *declinare cum fuga.*
glatir — *in venatione latrare.*
garir — *sanare.*
glotir — *glucire.*
grondir — *murmurare.*
golir — *devorare.*
engolir — *avide sumere.*
gequir — *relinquere.*
gurpir — *idem est.*
jauzir — *emolumentum habere.*
jovenir — *juvenescere.*

Adverbes es appellatz, qar josta lo verbe deu esser pau-
satz, si cum: „*Eu dic veramen, se tu non vas tost, eu te batrei
malamen.*“ — [1] *Dic* es verbum; *veramen,* adverbium affirmandi;
vas es verbe; *batrei,* verbum; *tost, malamen,* adverbia quali-
tatis.

A l'adverbi pertenen tres causas: species, significazons et
figura. [2] *Malamen* ven de *mal,* e per zo es derivativa species,
quar ven d'autre. *Tost* es primitiva species, quar non ven
d'autre. *Malamen* signifia qualitat, et *bonamen,* et *francamen* et
temerosamen. Mas saber deves que tuit li adverbe que fenissen
in en, poden fenir in enz, si besogna, qu'eu posc dir *malamen* o
malamenz. E sun autre adverbe que signifien temps, si cum:
er, oi, aras o *ar, l'autr'er, dema, ja, a la vegada, adonc, mentre,
ogan, antan, tart, totztemps, matin.* — L'autre signifian ajustamen,
si cum *essems.* L'autre demostramen, si cum *veus me, vei vos.* [3]

---

    [1] R. Veetz cum aquella dictios zo es *dic* es verbes et aquella dicios,
zo es *veramen* est adverbium, car es pauzada justa aquella dicion, zo es *dic,*
que es verbes.
    [2] R. ajoute ici: Tuit li adverbi sun de specie derivativa o primitiva.
Derivativa son tuit aquel que venon d'autre loc, si cum *malamen* que ven de

rejovenir — *rejuvenescere.*
issir — *exire.*
implir — *implere.*
marrir — *tristari.*
mentir — *mentiri.*
desmentir — *dicere: mentiris.*
mesdir — *dicere malum de aliquo.*
merir — *mereri.*
motir — *mutire.*
morir — *mori.*
notrir, noirir — *nutrire.*
obezir — *obedire.*
obrir — *aperire.*
offrir, ofrir — *offerre.*
partir — *partiri.*
departir — *dividere.*
paluezir — *paluescere.*
pentir — *penitere.*
perir — *perire.*
plevir — *jurare vel confidere.*
polir — *polire.*
poirir — *putrescere.*
pudir — *fetere.*

pruir — *scalpere.*
raubir — *rapere.*
rauquezir — *raucum facere.*
raustir — *assare.*
rozir, roizir — *rubescere.*
satzir — *capere contra jus.*
salhir — *salire.*
trassalir — *transsilire.*
assalir — *assaltum facere, dare.*
sarzir — *sarcire.*
sentir — *sentire.*
servir — *servire.*
deservir — *serviendo offendere.*
trair — *tradere.*
tendir — *tinnire.*
venir — *venire.*
revenir — *melliorare.*
avenir — *evenire.*
covenir — *expedire.*
sovenir — *recordari.*
vestir — *vestire.*
revestir — *iterum vestire.*
envestir — *investire.*
velzir — *vilescere.*

ADVERBIUM dicitur, quia stat juxta verbum et semper jungitur verbo, verbi gratia: „ego dico veraciter nisi vadas cito, ego te percutiam male." — Hec dictio [*dic*] verbum. Hec dictio [*malamen*] adverbium. Hec dictio [*vas*] est verbum, et hec [*batrei*] est verbum. He duc dictiones [*tost, malamen*] adverbia.

Ad adverbium pertinent tria: species, significatio et figura. Hec dictio [*malamen*] derivatur a *malo*, et ideo est derivative speciei, quia derivatur alio. Hec dictio [*malamen*] significat qualitatem, et hec [*bonamen*], et hec [*francamen*], et hec [*temerosamen*]. Sed scire debetis quod omnia adverbia que desinunt in hac syllaba [EN], possunt finire in hac syllaba [ENZ], si necesse est, quia possum dicere sic [*malamen*], vel sic [*malamentz*]. Et sunt alia adverbia que significativa sunt temporum, verbi gratia: *heri, hodie, modo vel idem,* [a]) *nuper, cras, jam, aliquando, tunc, dum, hoc anno, alio anno, sero, semper, mane.* — Alia significa-

---

mal. De specie primitiva es aquel [qe] no ven d'autre, si cum *tost*, qe no ven d'autre.

3) var. *velvos.*

---

[a]) *Idem* c'est-à-dire ici, comme ailleurs: même sens que le mot précédent.

L'autre afermamen, si cum: *veramen, certanamen.* L'autre loc, si cum: *aici, aqui, dins, defors, delai, dezai, lai, zai, annon, aval, sus, jos.* L'autre interrogation, si cum *perqe?* L'autre comparatio, si cum: *plus, mais, maormen.*

PARTICEP es ditz, qar pren l'una part del nom e l'autra del verbe. Del nom rete cas et genre; del verbe reten temps e significatio; de l'un et de l'autre reten nombre et figura, et d'aizo ai dit assatz el nom et el verbe; mas saber devetz que tuit li particip fenissen en ANS, o en ENS, o en ATZ, o en UTZ, o en ITZ, si cum: *amans, presanz, plasenz, sufrens, conogutz, retengutz, auzitz, peritz, enganatz, despolhatz.*

CONJUNCTIOS es apellada quar ajosta l'un mot a l'autre, si cum: „eu *et* tu *et* el devem disnar ensems.“ Et las unas son copulativas si cum *e*, e las autras ordinativas, si cum: *derenan, d'aqui enan, d'aqui en reire.* Las autras asimilativas, si cum: *autresi, aisi cum, si cum, quais.* Las autras expletivas, si cum *sivals, zo es a saber, sitot.* Las autras disjunctivas, si cum *o, ni.* Las autras racionals si cum *si, neis, cora, quan, que, quar, mas, entreian, esters aizo.*[1]

---

[1] Ces dernières lignes, depuis *quais*, ne se trouvent que dans le Ms. L. 42. plut. 41. et dans le ms. ambrosien; elles manquent, ainsi que la traduction latine, dans les autres mss.

tiva adjunctionis, verbi gratia, *simul.* Alia demonstrationis, verbi gratia: *ecce me, ecce ille.* Alia affirmationis, verbi gratia: *veraciter, certe.* Alia loci, verbi gratia: *hic, intus, foris, illuc, inde, idem, sursum, deorsum, sursum, desubtus.* Alia interrogativa, sicut *cur?* Alia comparativa: *magis, minus, maxime.*

PARTICIPIUM dicitur, quia capit partem nominis, partemque verbi. A nomine recipit casus et genera: a verbo retinet tempora et significationes; ab utroque numerum et figuram, et de istis dixi satis in nomine et in verbo; sed scire debetis quod omnia participia finiunt in hac dictione [ANS] vel in hac [ENS] vel in hac [UTZ, ITZ], verbi gratia: *amans, apprecians appreciatus, placens, patiens, cognitus, retentas, auditus, peritus, deceptus, despoliatus.*

CONJUNCTIO dicitur quia jungit unam dictionem cum alia, verbi gratia: „ego, tu et ille debemus prandere simul." Et quedam sunt copulative, et alie sunt ordinative, verbi gratia: *de cetero, idem, olim.* Alie sunt assimilative, verbi gratia: *sicut, sic ut, verbi gratia, quasi.* Alie expletive, *saltem, videlicet, quamvis.* Alie sunt disjunctive verbi gratia: *vel, neque.* Alie racionales: [*si, etiam, quandoquidem*], *quando,* [*quam*], *quia,* [*sed*], *interea, preterea.*

DE LAS RIMAS. [1]

IN ABS.

Gabs — *laus vel jactes,* (*in secunda persona.*)
naps. — *cifus.*
trabs — *tignus, temptorium.*
caps — *caput.*
saps — *arbor, sapis.*
graps — *manus curva.*
draps — *pannus.*
claps — *acervus lapidum.*
taps — *lutum.*
laps — *gremium.*
japs — *vox canis.*

IN ACS.

Bracs — *sanies vel canis*
abacs — *abacus.*
cracs — *sanies naris.*
dracs — *draco.*
escacs — *ligneus ludus.*
flacs — *flexibilis.*
sacs — *saccus.*
tacs — *morbus pecorum.*
vacs — *vacuus.*
escracs — *spuas,* (*in secunda persona.*)
ensacs — *in sacco mittas.*
estacs — *liges.*
abracs — *ad saniem venias.*

IN AF.

caf — *impar vox indignantis.*
baf — *vox indignantis.*

IN AICS.

laics — *laicus.*
Aics — *civitas.*

IN ALS.

Cabals — *capitalis vel acceptabilis.*
cals — *calvus.*
grazals — *catinum.*
egals — *equalis.*
leials — *justus.*
desleials — *injustus.*
mals — *malus.*
pals — *palium.*
tals — *talis.*
sals — *salvus vel sal.*
emperials — *imperialis.*
reials — *regalis.*
comtals — *ad comitem.*
vescomtals — *ad vicecomitem.*
venals — *venalis.*
nadals — *natale.*
maials — *maialis.*
juenals — *jenialis.*
estivals — *estivalis.*
senhals — *signum.*
generals — *generalis.*
vidals — *vitalis.*
mortals — *mortalis.*
comunals — *comunis.*
cardenals — *cardinalis.*
peitrals — *pectorale.*
offitials — *officialis.*
jornals — *campus unius diei.*
orientals — *orientalis.*

---

[1] Quoique ce dictionnaire de rimes fasse partie du DONAT PROVENÇAL. il s'y joint sans autre transition que le titre ci-dessus.

venials — *venialis.*
criminals — *criminalis.*
infernals — *infernalis.*
celestials — *celestialis.*
terrenals — *terrenalis.*
catedrals — *cathedralis.*
especials — *specialis.*
censals — *censualis.*

IN AIS.

Ais — *tabula.*
bais — *osculum.*
bais — *osculetur.*
biais — *obliquum.*
abais — *demittat.*
fais — *onus.*
gais — *letus.*
glais — *quedam herba, vel gladius.*
esglais — *timeas.*
gais — *avis quedam varia.*
nais — *nascitur.*
pais — *pascitur.*
cais — *mandibula.*
lais — *dulcis cantus, dimittat.*
eslais — *cursus subitaneus.*
eslais — *currat subito.*

mais — *plus vel mensis.*
esmais — *desperatio facilis vel desperes.*
assais — *probatio vel probes.*
rais — *radius.*
plais — *nemus plicatum.*
jais — *gaudium.*
savais — *iners.*
tais — *animal, taxus.*
entais — *in luto mitatis.*
tais — *expedivit.*
Clavais — *castrum.*
Roiais — *civitas.*
Cambrais — *civitas.*

IN ALTZ.

Altz — *altus.*
baltz — *corea.*
baltz — *letus.*
baltz — *saltes ad coream.*
Batz — *castrum.*
caltz — *calidus.*
caltz — *calix.*
encaltz — *fuga.*
encaltz — *fuget.*
descaltz — *discalciatus.*
descaltz — *discalciet.*

Et totz los podes virar in AUTZ for *baltz* per *corea* e trait *cavaltz, vallz, antreval* et *gals.*

Et omnes que finiunt in ALTZ possunt finire in AUTZ excepto hoc [*baltz*] cum ponitur pro *corea,* excepto hoc *caballus, vallis,* et *intervallum* et *gallus.*

IN ALCS.

Senescalcs — *seneschalcus.*
auricalcs — *auricalcus.*

IN ALHZ.

Alhz — *alium.*
bralhz — *clamor avium.*
umbralhz — *umbraculum.*
escalhz — *frustum teste.*
miralhz — *speculum.*

teiralhz — *temptorium.*
trebailhz — *labor.*
dalhz — *falx ad secandum fenum.*
malhz — *maleus.*
sonalhz — *parvum tintinnabulum.*
trebalhz — *labores.*
talhz — *secatura.*
talhz — *sectes.*
retalhz — *parva pars panni.*
retalhz — *iterum sectes.*
entalhz — *scultura.*
entalhz — *subsecas.*
coralhz — *corallium.*

devinalhz — *divinaculum.*
egalhz — *eques.*
salhz — *salis.*
aṣalhz — *assaltum das.*
raspalhz — *quod remanet de palea.*
respalhz — *coligas residuum de
paleas. (sic).*

IN ALMS.

Salms — *salmus.*
palms — *palmus.*
calms — *planicies sive herba.*

IN AMS.

Brams — *magnus clamor.*
brams — *clavis. (sic.).*
clams — *querela.*
clams — *conqueraris.*
reclams — *querela.*
reclams — *caro ad revocandum
accipitrem.*
cams — *campus.*
dams — *genus cervi.*
Adams — *Adam.*
ams — *ambos.*
ams — *ames.*
grams — *tristis.*
fams — *fames.*
afams — *a fame constringas.*
lams — *fulgur.*
tams — *par.*

IN ANS.

Ans — *annus.*
ans — *ambules, ante.*
bobans — *inanis gloria.*
bobans — *glorietur.*
brans — *ensis.*
blans — *blandus.*
cans — *cantus vel comes.*

avans — *antea.*
cans — *cambias.*
descans — *cantus contra cantum.*
encans — *incantes.*
acans — *in latus declines.*
dans — *damnum.*
afans — *fatigatio, fatiges.*
pans — *pars vel pannus vel gremium.*
grans — *grandis.*
glans — *glans, glandis.*
engans — *dolus.*
engans — *decipias.*
gans — *ciroteca.*
lans — *jacias.*
lans — *jactus.*
eslans — *subito jacias.*
enans — *profectus.*
enans — *proficiat.*
comans — *mandatum.*
comans — *mandes.*
mans — *mandavit.*
mans — *mandes.*
mans — *suavis.*
demans — *petitis.*
desmans — *mandare contra vel
mandatum.*
soans — *repudium.*
soans — *respuas.*
drogomans — *interpres.*
jaians — *gigans.*
aymans — *adamas.*
vianans — *peregrinus.*
sans — *sanctus.*
truans — *trutanus.*
tans — *tantus.*
tans — *ad tentoria paranda, tentes
et cotex ambonis.*
achomtans — *eloquens.*
amans — *amans.*
tirans — *tyrannus vel durus.*
pesans — *gravis.*
presans — *pretio dignus.*
errans — *errans.*

Et tut aquelh que fenissen in ANS o in ENS, si sun masculi, no
volun s el nominatiu plural a la fi del mot; si sun femini, volun
s per tot lo plural en la fi del mot.

Et omnes finientes in ANS, vel in ENS, si sunt masculini generis,
volunt s in nominativo plurali, in fine dictionis; sed si sunt
feminini, volunt s per omnes casus in plurali, in fine dictionis.

IN ANCS.

Blancs — *candidus*.
bancs — *scamnum*.
crancs — *crancum* (pour can-
    crum?)'
dancs — *color quidam*.
sancs — *sanguis*.
sancs — *sinistrarius*.
francs — *mansuetus*.
afrancs — *mansuescas*.
mancs — *mancus*.
esmancs — *auferas manum*.
fancs — *lutum*.
afancs — *in luto intres*.
tancs — *pannum, lignum acutum*.
estancs — *claudas*.
estancs — *stagnum aquarum*.
rancs — *claudus*.
rancs — *saxum eminens super
    aquas*.
arrancs — *evellas*.

IN ARS.

Ars — *arsit*.
blars — *glaucus*.
cars — *carus*.
escars — *parcus*.
fars — *farsura*.
afars — *factum*.
flars — *lumen magnum*.
esgars — *aspectus*.
esgars — *aspicias*.
clars — *clarus*.
disnars — *prandium*.
mars — *mare*.
amars — *amarus*.
amars — *amare vel amor*.
pars — *par*.
espars — *sparsus*.
espars — *sparsit*.
joglars — *joculator vel mimus*.
vars — *varius*.
avars — *avarus*.
ampars — *occupes vi*.

IN ARCS.

Arcs — *arcus*.
enarcs — *flectas vel curves*.
carcs — *oneres onus*.

carcs — *onus*.
descarcs — *exoneres*.
enbarcs — *impedimentum*.
enbarcs — *impedias*.
larcs — *largus*.
alarcs — *extendas*.
marcs — *marcha*.
Marcs — *poprium nomen*.

IN ARTZ.

Bartz — *lutum de terra*.
enbartz — *luto inficias*.
Lumbartz — *Lumbardus*.
coartz — *timidus in bello*.
essartz — *novale*.
essartz — *proscindas vomere*.
dartz — *telum*.
gollarz — *ardens in gula*.
garz — *vilis homo*.
pifartz — *grossus*.
estandartz — *vexillum magnum*.
penartz — *fasannus avis*.
bastartz — *spurius*.
falsartz — *gladius brevis et acu-
    tus*.
martz — *mensis vel dies martis*.
laupartz — *leopardus*.
Mainartz — *Mainardus*.
partz — *pars*.
partz — *partiris*.
departz — *dividas*.
Rainartz — *vulpes vel proprium
    nomen*.
Falartz — *castellum vel proprium
    nomen*.
artz — *ars*.
artz — *ardens*.
quartz — *quarta pars*.

IN AUCS.

Aucs — *anser masculus*.
baucs — *quod ponitur supra ma-
    nica cultelli*.
craucs — *sterilis*.
glaucs — *glaucus*.
naucs — *illud quod porci come-
    dunt*.
paucs — *parvus*.
traucs — *foramen vel perfores*.

raucs — *raucus.*
enraucs — *raucus fias.*

IN AUS.

Braus — *immitis.*
blaus — *bludus vel aereus.*
aus — *vellus.*
aus — *audeat.*
caus — *cavus.*
claus — *clavis.*
claus — *clausus.*
claus — *clausit.*
enclaus — *inclusit vel inclusus.*
contraclaus — *clavis facta contra clavem.*
laus — *laudes.*
traus — *trabes.*
suaus — *suavis.*
malaus — *infirmus.*
nadaus — *natale.*
paus. — *pavo.*
naus — *navis.*
galengaus — *genus speciei. i. galenga.*
raus — *arundo.*

IN AURS.

Aurs — *aurum.*
tesaurs — *tesaurus.*
saurs — *color aureus.*
laurs — *laurus.*
Vaurs — *proprium nomen castri.*
taurs — *taurus.*
semitaurs — *semitaurus.*
maurs — *niger.*

IN ATZ.

Blatz — *bladum.*
emblatz — *furatus.*
catz — *catus.*
datz — *taxillus.*
glatz — *glacies.*
glatz — *vox canis venantis.*
glatz — *latras.*
fatz — *favus.*
fatz — *facies.*
fatz — *facio.*

gratz — *grates.*
jatz — *lectus fere.*
jatz — *jacet.*
matz — *victus ad scachos.*
natz — *natus.*
pratz — *pratum.*
raubatz — *spoliatus.*
segatz — *secatus.*
segatz — *secate.*
secatz — *sicatus.*
secatz — *sicate.*
talhatz — *scissus ferro vel scindite ferro.*
trencatz — *resecatus vel resecate.*
transgitatz — *decipite (ad incantatores pertinet).*
transgitatz — *deceptus.*
pagatz — *pacatus pecunia soluta.*
pagatz — *solvite.*
legatz — *legatus.*
jujatz — *judicatus.*
escoriatz — *scoriatus.*
escoriatz — *scoriate.*

IN ATHZ.

Bathz — *subrufus.*
escahz — *particula panni.*
fathz — *factus.*
refathz — *iterum factus vel impinguatus.*
deffahz — *destructus.*
agahz — *insidie.*
labz — *turpis.*
enlahz — *impedimentum.*
pahz — *pacem vel stultus.*
enpahz — *impedias.*
rathz — *radius.*
ensahz — *probatio vel tentes.*
platz — *causa inter hostes.*
trahz — *tractus.*
alavahz — *morbus digiti in radice ungule.*
escaravatz — *scarabeus cornutus.*
retrahz — *turpis recordatio beneficii.*
contrahz — *debilis pedibus vel manibus.*
pertrahz — *apparatus alicujus operis.*
fortrahz — *sublatus.*
esglahz — *subitaneus timor.*

IN AS LARG.

Bas — *dimissus.*
cas — *casus.*
cas — *cadis.*
clas — *campanarum sonus.*
gras — *grassus.*
las — *fatigatus.*
ras — *rasus vel rasit.*
vas — *tumulus.*
mas — *mansus rusticorum.*
nas — *nasus.*
pas — *passus.*
pas — *transeat.*
transpas — *pertranseat.*
transpas — *momentum.*

IN AS ESTREIT.

Abas — *abbas.*
degas — *decanus.*
cas — *canis.*
gras — *granum.*
vilas — *vilicus vel indoctus.*
baias — *insipidus.*
nas — *nanus.*
mas — *manus.*
pas — *panis.*
cirurgias — *cirurgicus.*
tavas — *musca pungens equos.*
sas — *sanus.*
humas — *humanus.*
mundas — *mundanus.*
escrivas — *scriba.*
Galias — *Galienus.*
vas — *vanus.*

IN AS ESTREIT.

(nom provincials — *nomina sunt provincialia*).

Tolsas — *Tolosanus.*
Marquesas — *quilibet de Marchia.*
Catalas — *Catalanus.*
Romas — *Romanus.*
Toscas — *Tuscus.*
Troias — *Trojanus.*
Cecilias — *Siculus.*

(nom de civitatz — *nomina civitatum*).

Milas — *Mediolanum.*
fas — *fanum.*

IN HECS LARG.

Becs — *rostrum.*
cecs — *cecus vel signum ad sagittandum.*
decs — *terminus.*
necs — *impeditus lingua.*
pecs — *insipiens.*
tavecs — *insultus.*
bavecs — *baveca quod de facili movetur?*
Grecs — *Grecus.*
encexs — *exsequeris.*
secs — *sequeris.*
persecs — *persequeris.*
consecs — *consequeris.*

IN ECS ESTREIT.

Becs — *proprium nomen viri.*
decs — *vitium.*
lecs — *lecator.*
quecs — *quisque.*
usquecs — *unusquisque.*
plecs — *plica.*
secs — *siccus.*
plecs — *plices.*
secs — *seces.*
lecs — *lambas.*

IN EIS LARG.

Eis — *civitas.*
eis — *exit.*
fleis — *paratus.*
fleis — *fit contentus.*
leis — *lectus.*
seis — *sex.*
geis — *genus petre mollis.*

IN EIS ESTREIT.

Leis — *lex.*
peis — *piscis.*
peis — *pinxit.*
feis — *finxit.*
teis — *tinxit.*
ateis — *nactus est.*
meis — *misit.*
ceis — *cinxit.*
reis — *rex.*
neis — *etiam.*

eis — *ipse.*
el meteis — *ille ipse.*
creis — *crescit.*

IN ELS LARG.

Abels — *Abel.*
cels — *celum.*
fizels — *fidelis.*
Jezabels — *prop. nomen mulieris.*
Micaels — *Michael.*
Gabriels — *Gabriel.*
Rafaels — *Rafael.*
Misaels — *Misael.*
mels — *mel.*
fels — *fel.*
gels — *gelu.*
Bordels — *civitas Burdigala.*
escamels — *scabellum.*

IN ELS ESTREIT.

Camels — *camelus.*
pels — *pilus.*
cels — *cautela.*
cels — *celes.*

IN ELZ LARG.

Cabrelz — *edus parvus.*
belz — *pulcher.*
flagelz — *flagellum.*
flagelz — *flagelles.*
anelz — *anulus vel agnus.*
porcelz — *porcellus.*
meselz — *leprosus.*
coutelz — *cultellus.*
tortelz — *parvus panis.*
pomelz — *parvum pomum.*
cairelz — *pilum baliste.*
panelz — *parvus panis vel banda.*
escauelz — *alabrum.*
mazelz — *macellum.*
portelz — *parva porta.*
barutelz — *stamina ad purgandum farinam.*
cantelz — *ora panis.*
isnelz — *velox.*
cantarelz — *qui cantat frequenter.*
Otonelz — *proprium nomen viri.*
Ospinelz — *nomen unius viri.*
caramelz — *fistula.*

cardonelz — *avis.*
Rudelz — *proprium nomen viri.*
budelz — *intestinum.*
tonelz — *parvum dolium.*
Sordelz — *nomen viri.*
mantelz — *mantellus.*
Verzelz — *civitas quedam.*
pelz — *pellis.*
apelz — *appelles.*

IN IELZ LARG.

Vielhz — *senex.*
mielz — *melius.*

IN ELHZ ESTREIT.

Cabelhz — *capillus.*
vermelhz — *rubicundus.*
conselhz — *consilium vel consulas.*
aparelz — *apparas vel prepares vel preparatus.*
desparelhz — *paria dividas.*
solelhz — *sol.*
solelhz — *ad solem ponas.*
telhz — *telz, arbor quedam. (tilia).*
calelhz — *lucerna ferrea ubi oleum ardet.*
artelhz — *articulus.*
velhz — *vigiles.*
espelhz — *speculum.*
ventrelhz — *ventriculum vel stomachus.*
somnelhz — *somno seducaris.*
semelhz — *assimiles.*

IN EMS LARG.

Jerusalems — *civitas.*

IN EMS ESTREIT.

Fems — *fimus.*
sems — *semis vel munias.*
ensems — *insimul.*
nems — *nimis.*
Rems — *civitas quedam.*
temps — *tempus.*
tems — *times.*
per tems — *tempestive.*

IN ENS ESTREIT.

Brens — *furfur.*
cozens — *urens.*
calens — *providus.*
nocalens — *improvidus.*
crezens — *credens.*
discrezens — *recedens a fide.*
creissens — *crescens.*
descreissens — *dissipans.*
dens — *dens.*
dolens — *dolens.*
fazens — *faciens.*
deffazens — *destruens.*
fendens — *findens.*
defendens — *defendens.*
fondens — *liquescens.*
confondens — *consumens.*
encendens — *adurens.*
escondens — *abscondens.*
esconprendens — *incendens.*
avinens — *aptus vel apta.*
gens — *pulcher vel pulchra.*
grens — *barba.*
bens —
lens — }*letus juxta labia* (sic.).
offrens — *offerens.*
suffrens — *paciens.*
dolens — *dolens.*
covinens — *conveniens.*
sovinens — *recordans.*
mordens — *mordens.*
sens — *sensus.*
tenens — *tenens.*
mantenens — *fovens.*
sovinens — *recordans.*
jauzens — *gaudens.*
olens — *olens.*
pudens — *fetens.*
conoissens — *cognoscens.*
desconoissens — *ignorans.*
parens — *consanguineus.*
prendens — *prendens.*
reprendens — *reprehendens.*
penedens — *penitens.*
contenens — *continens.*
garens — *custodiens vel prote-*
        gens.
sens — *sentis.*
vens — *vincit.*
mens — *mentiris.*
prens — *apprehendit.*

apprens — *addiscis.*
reprens — *reprehendis.*
escomprens — *incendis.*
pens — *pendis.*
pens — *cogito.*
despens — *expendis.*
tens — *tendis.*
destens — *distendis.*
atens — *nancisceris.*
rens — *reddis.*
covens — *pactum.*
fens — *findis.*
defens — *defendis.*
ardens — *ardens.*
luzens — *lucens.*
sabens — *sapiens.*
avens — *adventus ante natale.*
bulens — *bulliens.*
resplandens — *resplendens.*
maldizens — *maledicens.*
fenhens — *fingens.*
penhens — *pingens.*
talens — *voluntas vel appetitus.*
aculens — *lete recipiens.*
jazens — *jacens.*

IN EPS ESTREIT.

Ceps — *stipes, tis.*
seps - *sepes, is.*
greps — *parvus.*
treps — *ludus.*
treps — *ludas.*

IN ERS LARG.

Cers — *cervus.*
sers — *servus.*
sers — *servis.*
guers — *strabo.*
vers — *versus.*
vers — *ver.*
envers — *inversus.*
travers — *obliquus.*
convers — *conversus.*
pervers — *perversus.*
revers — *reversus.*
pers — *genus panni.*
fers — *ferrum.*
fers — *ferus.*
fers — *feris.*
Bezers — *civitas Biterris.*

Lumbers — *proprium nomen castri.*

IN ERS ESTREIT.

aers — *aderens vel adhesit.*
sabers — *sapere.*
poders — (*nominaliter*), *posse.*
avers — *habere.*
devers — *debere,* (*nominaliter positum.*)
espers — *spes vel speres.*
ders — *erectus.*
ders — *erexit.*
aders — *procuratus.*
aers — *procuravit.*
sers — *sero.*
vers — *verum.*
lizers, lezers — *licentia.*

IN IERS.

Cavaliers — *miles.*
escudiers — *scutifer.*
trotiers — *cursor.*
parliers — *loquax.*
lausengiers — *bilinguis.*
bergiers — *qui custodit oves.*
porquiers — *custos porcorum.*
formiers — *formarius.*
forniers — *fornarius.*
moiniers — *molinarius.*
saumiers — *mulus vel asinus,* vel *jumentum ferens onus.*
saumatiers — *custos saumarii.*
paniers — *canistrum.*
panatiers, paniers — *qui dat panem ad mensam.*
carceriers — *carcerarius.*
monestiers — *monasterium.*
mestiers — *mestarium.*
celiers — *celarium.*
seliers — *faciens sellas.*
botiliers — *pincerna.*
diniers — *denarius.*
encombriers — *impedimentum.*
destorbiers — *turbatio.*
feniers — *cumulus vel acervus feni.*
palhers — *acervus pallarii.*
fumiers — *fumarius.*
terriers — *terratorium.*

semtiers — *semita.*
colhers — *collo ferens.*
cloquiers — *campanile.*
boviers — *bubulcus.*
oliers — *figulus.*
sabtiers — *calciamenta faciens.*
graniers — *horreum.*
noveliers — *qui libenter recitat nova.*
traversiers — *qui in obliquum vadit.*
pesquiers — *locus ubi pisces mittuntur.*
arquiers — *qui cum arcu trahit.*
balestiers — *balistarius.*
borsiers — *faciens bursas.*
baratiers — *baratator.*
rainiers — *miles qui non habet nisi unum rocinum.*
lebrers — *canis capiens lepores.*
Olivers — *oliva vel proprium nomen viri.*
verziers — *viridarium.*
periers — *pirus.*
pomiers — *pomus.*
pruhiers — *arbor faciens brinas.*
figuiers — *ficus.*
mandoliers — *amigdalus.*
noguiers — *arbor nucis.*
avelaniers — *avellanarius.*
ciriers — *cirarius vel citharista.*
sorbiers — *sorbarius vel corbellarius.*
rosiers — *rosetum.*
violiers — *violetum.*
lenhiers — *congeries lignorum.*
moriers — *morus.*
mespoliers — *vespo vel esculus.*
condonhyers — *cotanarius.*
poliers — *larius.* (*sic.*).
soliers — *solarium.*
menzoigniers — *mendax.*
destriers — *destrarius.*
talhiers — *catinus in quo carnes ponuntur.*
teliers — *illud quod in tela texitur.*
mazeliers — *macellarius.*
caronhiers — *qui cadavera sequitur vel homicida.*
esperoniers — *qui fecit calcaria.*
taverniers — *caupo.*

senestriers — *sinistrarius.*
loguiers — *merces.*
tesauriers — *tesaurarius.*
entiers — *integer.*
petiers — *qui frequenter bumbici-*
    nat.
rotiers — *eructuator.*

IN ERNS.

Yverns — *yems.*
esquerns — *derisio.*
quazerns — *quaternio.*
esterns — *vestigium.*
enferns — *infernus.*
verns — *arbor quedam.*
Salerns — *civitas quedam, Saler-*
    num.

IN ERPS.

Serps — *serpens.*
verps — *lupus.*

IN ERMS.

Verms — *vermis.*
erms — *incultus.*
aderms — *inhabitabilem facis.*

IN ERTZ LARG.

Covertz — *coopertus.*
descovertz — *discopertus.*
desertz — *desertum.*
offertz — *oblatus.*
certz — *certus.*
overtz — *apertus.*
espertz — *providus.*
apertz — *apertus.*
Imbertz — *proprium nomen.*
Robertz — *proprium nomen.*
tertz — *tertius.*
tertz — *terge.*
mertz — *mercimonia ad venden-*
    dum.

IN ERTZ ESTREIT.

Vertz — *viridis.*
dertz — *erigit.*

adertz — *procura vel procuratus.*
aertz — *inheret.*

IN ES LARG.

Pes — *pes, dis.*
confes — *confessus vel confitea-*
    tur.
ades — *cito.*
pres — *prope.*

IN ES ESTREIT.

Pes — *pondus.*
contrapes — *contrapondus.*
bes — *bonum.*
fes — *fides.*
fes — *fenum.*
fes — *fecit.*
des — *discus.*
ades — *tangat.*
mes — *mensis.*
mes — *misit.*
ces — *census.*
ences — *incensum.*
ences — *incendis.*
deves — *locus defensus.*
borzes — *burgensis.*
marques — *marchio.*
pres — *apprehensus.*
pres — *cepit.*
mespres — *reprehensus vel deli-*
    quit.
repres — *reprehensus.*
repres — *reprehendit (preteriti.)*
antepres — *interceptus.*
antepres — *intercepit.*
bres — *lignum fixum propter aves.*
les — *lenis.*
fres — *frenum.*
gles — *glis, ris.*
bles — *qui utitur* c *loco* ...... [1])
benapres — *bene doctus.*

nom provincial — *nomina provin-*
    cialia.

Frances — *Francigene.*

---

[1]) Voyez ci-dessus p. 8 ce même
mot traduit ainsi: *qui non potest so-*
nare nisi c.

4

Angles — *Anglici.*
Genoes — *Genuenses.*
Bordales — *Burdigalenses.*
Vianes — *Viennenses.*
Valantines — *Valentinenses.*
Carcasses - *Carcassonnenses.*
Bedeires — *Biterrenses.*
Agades — *Agaienses.*
Marsselhes — *Massilienses.*
Brianzones — . . . .
Poles — *Appulli.*
Toes — *Alamanni.*
Campanes — *a Campania dicun-
tur.*
Bolonhes — *Bononienses.*
Verceles — *Vercellenses.*
Paves — *Papienses.*
Cremones — *Cremonenses.*
Tertones — *Tertonenses.*
Saones — *Sanonenses.*
Pontremoles — *Pontremulenses.*
Luques — *Luquences.*
Senes — *Senenses.*
Verones — *Veronenses.*
Rimenes — *Rimenenses.*
Novarres — *Novarrenses.*
Mozenes, *Mutinenses,* e moutz
d'autres — *et multa alia.*

IN ETHZ LARG.

Lethz — *lectus.*
cadalethz — *lectus ligneus altus.*
vethz — *veretrum.*
methz — *medius vel contemptus.*
despethz — *dispectus, tus, ui.*
respethz — *inducie vel expectaium.*
pethz — *pectus.*
pethz — *pejus.*
delethz — *delectatio.*

IN ETZ ESTREIT.

Bretz — *proprium nomen vel homo
lingue impedite.*
detz — *digitus.*
petz — *bombus.*
setz — *sitis.*
vetz — *vicium.*
vetz — *vicis.*
quetz — *parum loquens.*
escletz — *purus.*
soletz — *solus.*
tosetz — *puerus.*
fadetz — *fatus.*
anheletz — *agniculus.*
aneletz — *anulus.*
cabroletz — *capreolus.*
soletz — *faunus vel stullus.*

E totas las segondas personas del plural del presen del con-
junctiu delz verbes de la prima conjugazo, e tuit li nominatiu
singular dels noms diminutius.

Et notandum est quod omnes secunde persone pluralis numeri
presentis conjunctivi verborum prime conjugationis et omnes
nominativi singulares nominum diminutivorum [sic desinunt.]

IN ETHZ ESTREIT.

frethz — *frigus vel frigidus.*
drethz — *jus vel rectus.*
adrethz — *aptus.*
lethz — *lex.*
esplethz — *supelectile vel usufru-
ctus.*
esplethz — *habens usumfructum.*
plethz — *plica.*
aplethz — *instrumenta.*
nelethz — *culpa.*

correthz (*var.*) cortehz — *collo-
quium militum cum dominabus.*
thez — *tectum parvum.*
estretz — *constrictus.*
destretz — *districtus.*
correthz — *corrigia vel zona.*

IN EUS.

Breus — *brevis vel carta.*
Ebreus — *Hebreus.*
Juzeus — *Judeus.*

Deus — *Deus.*
feus —' *feodus.*
seus — *suus.*
meus — *meus.*
greus — *gravis.*
leus — *levis.*
romeus — *peregrinus.*
teus — *tuus.*
Andreus — *Andreas.*

IN IBS.

Macips — *puer parvus.*
tribs — *tribus.*
rips — *clavos repercutias.*
derips — *abstrahas clavos.*

IN ICS.

Brics — *malus.*
abrics — *locus sine vento, protectio.*
abrics — *protegas vel operias.*
fics — *ficus.*
pics — *avis perforans lignum rostro.*
pics — *varius.*
pics — *percutias.*
trics — *intricatim.*
antics — *antiquus.*
mendics — *mendicus.*
amics — *amicus.*
enemics — *inimicus.*
enics — *iniquus.*
fenics — *avis qui dicitur fenix.*
canzics — *increpatio*
canzics — *increpes.*
rics — *dives.*
afics — *vis.*
afics — *oneraris.*
espics — *spica.*
colerics — *collericus.*
flecmatics — *fleumaticus.*

IN ILS.

Fils }
fils } — *filum vel neas.*
amafils — *parva tuba cum voce alta.*
abrils — *aprilis.*

badils — *locus ubi speculator manet.*
humils — *humilis.*
Nils — *Nilus.*
senhorils — *dominabilis.*
femenils — *feminilis.*
subtils — *subtilis.*
camzils — *pannus lini subtilissimi.*
jovenils — *juvenilis.*
priorils — *ad priorem pertinet.*
abadils — *ad abbatem pertinens.*
mongils — *monachalis.*

IN IMS.

Crims — *crimen.*
cims — *summitas arboris.*
vims — *vimen.*
racims — *racemus.*
prims — *acutus vel subtilis.*
aprims — *subtilies.*
noirims — *nutrimentum.*
Caims — *Caym.*

IN INS.

Quins — *quintus.*
esquins — *scindat.*
tins — *tempus.*
ins — *intus.*
lins — *lignum maris.*

IN IRS.

Consirs — *consideratio.*
consirs — *consideres.*
albirs — *estimatio.*
desirs — *desiderium.*
sospirs — *suspirium.*
safirs — *safirus.*
Tirs — *Tyrus, civitas.*
sospirs — *suspires.*
mirs — *speculeris.*
remirs — *iterum speculeris.*

IN IS.

Bis — *color.*
robis — *lapis.*
Robis — *proprium nomen viri.*
clis — *inclinatus.*
aclis — *inclines.*

4*

roncis — *roncinum.*
gris — *color.*
paradis — *paradisus.*
fis — *valde bonus.*
latis — *latine vel latinus.*
Longis — *Longinus.*
lis — *lenis.*
alis — *azimus.*
molis — *molendinum.*
mis — *missus.*
sothzmis — *submissus.*
mesquis — *miser.*
fenis — *debilis.*
Sangdanis — *Sanctus Donissius.*
pis — *pinus.*
albespis — *arbor spinosa.*
ris — *risus.*
Paris — *Parisius.*
matis — *mane.*
vis — *vinum.*
vis — *facies.*
devis — *divinus.*
devis — *divisus.*
Folis — *civitas.*
Forlis — *civitas.*
Assis — *civitas.*

nomen provincial — *nomina provincialia.*

Peitavis — *Pictavensis.*
Anjavis — *Andegavensis.*
Paregorris — *Petragoricensis.*
Faentis — *Faventinus.*
Spoletis — *Spoletanus.*
Caersis — *Caturcensis.*
Lemozis — *Lemovicensis.*

IN ITZ.

Garitz — *curatus.*
garnitz — *munitus.*
graziz — *graciosus.*
ganditz — *destinans (?) timore.*
gurpitz — *derelictus.*
giquitz — *dimissus.*
critz — *clamor.*
causitz — *electus vel curialis.*
aibitz — *morigeratus.*
cabritz — *edus.*
delitz — *destructus.*
adormitz — *sopitus.*

coloritz — *coloratus.*
escoloritz — *palidus.*
esperitz — *spiritus.*
esditz — *negat.*
esconditz — *denegat.*
descausitz — *rusticus vel injuriosus.*
acrupitz — *sedens super talos.*
sasiz — *occupatus.*
implitz — *impletus.*
conplitz — *completus.*
aunitz — *vituperatus.*
fugitz — *fuga lapsus.*
fugiditz — *fugitivus.*
escaritz *solus?*
escarnitz — *densus.*
fornitz — *formatus vel habens necessaria.*
sumsitz — *mersus in mare vel aquis.*
sebelitz — *sepultus.*
senthiz — *senitus.*
traitz — *traditus proditione.*
transitz — *semimortuus.*
tritz — *minutus.*
fenitz — *finitus vel mortuus.*
peritz — *peritus a pereo, is.*
ditz — *dicit.*
raubitz — *raptus.*
berbitz — *ovis.*
freisitz — *refrigeratus.*
espelitz — *avis de ovo procedens.*
issitz — *qui exiit.*
noiritz — *nutritus.*
samitz — *examitum, pannus sericus.*
voutitz — *volubilis.*
politz — *politus.*
poiritz — *putrefactus.*
amanoitz — *promtus, paratus.*
fallitz — *qui delinquit vel fallit.*
salhitz — *saliens.*
vestitz — *vestitus.*
desvestitz — *qui reddit investitionem unde fuit investitus.*
envestitz — *investitus.*
aveneditz — *advena, aliunde veniens.*
tortitz — *tortitium, multe candele simul juncte.*

IN IUS.

Brius — *inpetus.*
caitius — *miser vel captus.*
solorius — *solitarius.*
rius — *rivus.*
vius — *vivus.*
pius — *pius.*
furius — *amens.*
grius — *quedam avis.*
senhorius — *dominium.*
esquius — *austerus vel delicatus, a vitando dictus.*
Beirius — *provintia quedam.*
beirius — *hereticus.*

IN HITZ.

Fitz — *fixus.*
fritz — *frixus.*
dihitz, dithz — *dictus.*
afritz — *calidus amore.*
aflitz — *aflictus.*
escrithz — *scriptus.*
maldithz — *maledicus vel maledictus.*

IN OPS VEL OBZ LARG.

Obs — *opus.*
clobs — *claudus.*
galobz — *medium inter currere et trotare.*
trobz — *invenias.*

IN OPS ESTREIT.

Grops — *nexus vel nodus.*
cobs — *testa capitis.*
lobs — *lupus.*
globs — *plenum os alicujus liquoris.*

IN OLBS LARG.

Colbs — *ictus.*
volbs, vols — *vulpis.*

IN OCS LARG.

Jocs — *jocus vel ludus.*
brocs — *vas testeum.*

biocs — *curtas.*
ocs — *etiam.*
focs — *ignis.*
floxs — *vestis monachi.*
cocs — *coctus.*
crocs — *ferrum curvum.*
grocs, crocs — *croceus.*
Marrocs — *quedam civitas.*
veirocs — *precipites.*
baudocs — *parum sciens. (var. du Ms. 187. Parisienses.)*
locs — *locus.*
locs — *conducas.*
rocs — *ludus ligneus, rochus.*
Enocs — *Enoc.*
derrocs — *pes ligneus propter ludum?*

IN HOCS ESTREITZ.

Bocs — *yrcus.*
zocs — *pes ligneus propter ludum.*
mocs — *sanies naris.*
tocs — *tangas.*

IN OLS LARG.

Cabreols — *capreolus.*
rossinhols — *Filomena.*
vols — *voluntas, vel vis vel voluit, preterea voles, de volo, las.*
vols — *vis.*
vols — *volatus.*
auriols — *avis aurei coloris.*
sols — *solum, soles, soluit.*
moiols — *cifus vitreus.*
aiols — *avus.*
Peirols — *proprium nomen viri.*
Micols — *id. mulieris.*
cols — *colis.*
arestols — *extrema pars lancee.*
rofiols — *cibus de pasta et de ovis.*
roiols — *genus piscis.*

IN OLS ESTREIT.

Sols — *solus.*
pols — *pulsus.*
pols — *pulset.*

bols — *equus nimis pulsans.*
cols — *coles, colles.*
princols — *primum vinum.*
escols — *exhaurias.*
mols — *mulsit lac.*
mols — *mulsus.*
Aiols — *proprium nomen viri.*
Rainols — *proprium nomen viri.*

IN OLZ LARG.

Folz — *stultus.*
colz — *collum.*
tolz — *aufers.*
molz — *mollis.*
solz — *solidus denarius.*
solz — *solutus.*
acolz — *amplectaris ad collum.*

IN OLZ ESTREIT.

Solz — *carnes vel pisces in aceto.*
polz — *pulices.*
polz — *pullus.*
volz — *ymago ligni.*
Santolz — *proprium nomen viri.*

IN OILHZ LARG. — [Var. IN OLHZ LARG.]

Olhz, oilhz — *oculus.*
broilhz — *locus plenus arboribus domesticis.*
folhz — *folium vel carta.*
colhz — *colligis.*
acolhz — *bene receptus vel recipis.*
trolhz — *torcular.*
recolhz — *patrocinaris.*
escolhz — *color.*
capdolhz — *capitolium vel arces.*
molhz — *illud ubi rota figitur, vel aqua.*
molhz — *perfundas, humectes.*
despolhz — *expolies.*
rohlz — *lignum cum quo furnus fingitur.*
Cardolhz — *nomen castri.*
Nantolhz -- *nomen castri.*
Marolhz — *nomen castri.*

IN OLHZ ESTREIT.

Colhz — *testiculus.*
tolhz — *genus piscis.*
veirolhz — *vectes ostii.*
genolhz — *genu.*
dolhz — *dolium vel foramen dolii.*
pezolhz — *pediculus.*
mairohlz — *marubium, herba est.*

IN OMS LARG.

Coms — *comes.*
vescoms — *vicecomes.*
doms — *domus communis.*

IN OMS ESTREIT.

Coloms — *columbus.*
coms — *equus habens cavum dorsum.*
noms — *nomen.*
soms — *summum.*
ploms — *plumbum.*
roms — *genus piscis.*
roms — *rumpis.*
poms — *pomum tentorii.*
toms — *casus.*
toms — *cadas.*
doms — *dominus.*

IN ONS LARG.

* Cons — *vulva.*
* fons — *fons.*
* fons — *liquefacias.*
* confuns — *confundis.*
* mons — *mons vel acervus.*
Gions — *fluvius quidam.*
Fisons — *nomen fluvii.*
* segons — *secundus.*
* Trons — *nomen fluvii, vel hebetatus.*
* pons -- *pons, tis.*
* estrons — *stercus, ris.*
* frons — *frons, tis.*
* sons — *sopor.*
* gergons — *vulgare trutanorum.*
* rons — *ruga.*
* rons — *facias rugas.*
* fons — *fundus.*
* afons — *ad fundum venias.*

ascons, escons — *abscondis.*
*preons — *profundus.* [1]
dons — *dominus.*
Amons — *nomen viri.*

IN OHTZ LARG. — [Var. IN HOTZ LARG.]

Bothz — *fundum dolii.*
vohtz — *vacuus.*
mohtz — *modius.*
cohtz — *coctus.*
recohtz — *recoctus.*
bescohz — *biscoctus panis.*
dohtz — *doctus.*
pobtz — *podium vel mons.*
e tuit poden fenir in OITZ, sicum *coitz, voitz.* [Var. in *oihz,* si cum *coihtz, voihtz.*]

IN ONHZ ESTREIT. [Var. ONHTZ.]

Onhz — *unctus.*
onhz — *ungis.*
couhz — *cuneus cum quo lignum finditur.*
conhz — *cum cuneo claudas.*
ponhz — *manus clausa.*
ponhz — *punctus.*
ponhz — *punctim, pungis.*
perponhz — *grossa et valde puncta vestis ad armandum.*

----

[1] Le Ms. 187 donne la liste qui précède sous la rubrique IN ONS LARG. Le Ms. 42 plut. 41 ne donne sous cette même rubrique que les mots ci-après:

Dons — *dominus.*
Amons — *nomen viri.*
Gions — *fluvius quidam.*
Fizons — *nomen fluvii.*

ensuite on lit:

IN ONS ESTREIT

et sous cette rubrique, tous les mots marqués d'un astérisque dans la liste précédente.

Cronhz [Gronhz?] — *proprium nomen viri.*
gronhz — *rostrum animalis.*
besonhz — *opus.*
lonhz — *prolonges.*

IN ORCS LARG.

Porcs — *porcus.*
orcs — *quedam herba.*
Austorcs — *proprium nomen viri.*

IN ORCS ESTREIT.

Borcs — *vicus.*
reborcs — *obtusus vel hebes.*
dorcs — *anfora.*
forcs — *dicitur a furca, vel bivium, vel furca destruas.*
estorcs — *evellas.*
gorcs — *gurges.*
engorcs — *ingurgites.*

IN OUS LARG O EN ESTREIT.
In hoc ritimo largo vel stricto.

Ous — *ovum.*
bous — *bos.*
nous — *novus.*
renous — *renovus.*
annous — *annus novus.*
mous — *moves.*
plous — *pluit.*

IN ORS LARG.
In hoc ritimo largo.

Cors — *corpus.*
ors — *ora panni.*
mors — *morsus.*
pors — *portus.*
tors — *pars.*
fors — *foras vel punctus.*
tors — *torsit.*
Elienors — *proprium nomen mulieris.*
mors — *momordit.*
mors — *morsus, aura.*

IN ORS ESTREIT.
In hoc ritimo stricto.

Labors — *labor.*
tabors — *timpanum.*

cors — *cursus.*
cors — *cucurrit.*
acors — *subvenit.*
socors — *idem, subvenit.*
colors — *color.*
socors — *auxilium.*
flors — *flos.*
amors — *amor.*
ors — *ursus.*
ardors — *ardor.*
pudors — *fetor.*
calors — *calor.*
sabors — *sapor.*
freidors — *frigiditas.*
rasors — *rasor, de rado, is.*
valors — *valor.*
vapors — *vapor.*
umors — *humor.*
verdors — *viror.*
tors — *turris.*
bestors — *parva turris.*
comtors — *parvus comes.*
austors — *accipiter.*
odors — *odor.*
legors — *otium.*
honors — *honor.*
deshonors — *dedecus.*
paors — *timor.*
ricors — *divitie.*
doucors — *dulcor.*
auctors — *auctor.*
tristors — *tristitia.*
albors — *albedo diei.*
sors — *surrexit.*
sors — *suscitatus vel elevatus.*
resors — *resuscitatus.*
resors — *resurrexit.*

IN ORTZ LARG.

Ortz — *hortus.*
acortz — *concordia.*
acortz — *concordes.*
descors — *discordes.*
descors — *discordia vel cantilena
    habens sonos diversos.*
conortz — *consolatio.*
fortz — *fortis.*
esfortz — *conamen.*
confortz — *confortatio.*
confortz, contrafortz, *pars corii*

*in corio apposita causa con-
    fortandi sicut in sotularibus.*
sortz — *sors.*
tortz — *vis illata.*
tortz — *tortus vel torquet.*
retortz — *iterum torquet, ad filum
    pertinet.*
retortz — *retortus.*
estortz — *liberatus a periculo aliquo.*
estortz — *liberatus.*
estortz — *desnodatus ab aliqua
    vinctura.* [1])

IN ORS ESTREIT.

Cortz — *curia.*
cortz — *curtus.*
bortz — *ludus.*
bortz — *manuum sonus.*
sortz   *surdus.*
tortz — *quedam avis.*
lortz — *parum audiens.*
gortz — *rigidus infirmitate.*
biortz — *cursus equorum.*
sortz — *surgit.*

IN ORBS LARG.

Corbs — *corvus.*
orbs — *orbus.*

IN ORBS ESTREIT.

Corbs — *curvus.*

IN ORNS LARG.

Borns — *pomum tentorii.*
corns — *cornu.*

[1]) Le Ms. 187 passe à:
IN ORS ESTREIT. Cortz, etc. —
le No. 42. plut. 41. ajoute encore:
    Portz — *portus.*
    portz — *portas.*
    aportz — *deferas.*
    deportz — *ludas.*
    mortz — *mors.*
    mortz — *mortuus.*
puis il reprend comme le Ms. 187.
IN ORS ESTREIT.

corns — *tuba vel buccina.*
corns — *buccines.*
magorns — *tibia sine pede.*

IN ORMS LARG.

Vorms.........
dorms — *dormis.*

IN ORNS ESTREIT.

Alborns — *quedam arbor.*
dorns — *mensura manus clause.*
adorns — *aptus.*
torns — *instrumentum tornatile vel recitaris.*
morns — *subtristis.*
contorns — *unus sulcus aratri.*
retorns — *redeas.*
forns — *furnus.*

IN OUTZ LARG.

Voutz [var. Moutz] — *quidam fluvius.*
moutz — *tritus in molendino.*
voutz — *versus vel revolutus.*
revoutz — *idem est.*
desvoutz — *extentus, ad filum pertinet.*
arcvoutz — *arcus lapideus.*
esmoutz — *ad molam ductus.*
toutz — *ablatus.*
soutz — *solutus.*
coutz — *cultus vel paries.*

IN OUTZ ESTREIT.

Voutz — *imago ligni.*
soutz — *carnes vel pisces in aceto.*
moutz — *multos.*
moutz — *mulgere lac.*
doutz — *dulcis.*
estoutz — *de facili irascens vel stultus.*

IN OTZ LARG.

Botz — *ictus.*
escotz — *lignum parvum acutum.*
escotz — *pretium pro prandio.*
glotz [var. clotz] — *locus cavus.*

lotz — *lentus.*
rotz — *eructuatio.*
potz — *labium.*
cotz — *permutatio.*
potz — *potest.*
trotz — *inter passum et cursum.*
regotz — *recurvitas capillorum.*
arlotz — *pauper, vilis.*
galiotz — *pirata.*
cabotz — *genus piscis.*
notz — *nocet.*

IN OTZ ESTREIT.

Botz — *nepos.*
botz — *uter.*
brotz — *teneritudo herbe.*
cotz — *lapis ad acuendum.*
cotz — *parvus canis.*
cogotz — *cujus uxor eum adulterat.*
glotz — *gulosus.*
motz — *verbum.*
totz — *omnis vel totus.*
rotz — *ruptius.*
potz — *puteus.*
sotz — *subtus.*
notz — *nux.*
fotz — *cors (sic.)*

IN UCS.

Ucs — *clamor sine verbis.*
ucs — *clames.*
bucs — *brachium sine manu.*
sambucs — *quidam arbor sterilis.*
saucs — *idem.*
trebucs — *calige tracate.*
trasbucs — *precipites.*
claucs — *clausus.*
ducs — *dux vel quidam avis.*
calucs — *curtum habens visum.*
astrucs — *fortunatus.*
desastrucs — *infortunatus.*
pezucs — *strictura facta cum duobus digitis.*
sucs — *succus.*
zucs — *testa capitis.*
malastrucs — *infortunium passus.*
paorucs — *timidus.*
palhucs — *parva palea.*
festucs — *festuca.*

devertucs — *apostema intrinseca.*
pesucs — *onerosus.*

IN UF.

Buf — *vox indignantis.*
chuf — *pili super frontem.*
buf — *insuflatio.*

IN ULS.

Muls — *mulus.*
culs — *culus vel anus.*
coguls . . . .
sauls — *salvus.*

IN UMS ESTREIT.

Fums — *fumus.*
lums — *lumen.*
agrums — *res acerba sicut fructus recentes.*
alums — *alumen vel illumines.*
escums — *spumam auferas.*
betums — *bitumen.*

IN URS.

Agurs — *augurium.*
securus — *securus.*
asegurs — *securum facias.*
aturs — *conamen.*
aturs — *conaris.*
durs — *durus.*
endurs — *jejunes.*
purs — *purus.*
murs — *murus.*
escurs — *obscurus.*
tafurs — *homo parvi pretii.*
Surs — *nomen civitatis.*
perjurs — *perjurus vel perjures.*
rancurs — *conqueraris.*

IN URCS.

Urcs — *partus.*
Turcs — *genus Saracinorum.*
Burcs — *nomen civitatis.*

IN UTZ.

Cambutz — *habens longas tibias.*
alutz — *plenus alis.*

agutz — *acutus.*
cutz — *vilis persona.*
drutz — *qui intendit in dominabus.*
grutz — *farrum.*
glutz — *glutinum.*
lutz — *lux.*
lutz — *lucet.*
salutz — *salus.*
salutz — *salutes.*
salutz — *sanitas.*
mutz — *mutus.*
nutz — *nudus.*
putz — *fetes.*
romputz — *ruptus.*
cosutz — *consutus.*
pelutz — *pilosus.*
menutz — *minutus.*
canutz — *plenus canis.*
descosutz — *desconsutus.*
fendutz — *fissus.*
perdutz — *perditus.*
saubutz — *scitus.*
receubutz — *receptus.*
ereubutz — *ereptus.*
aperceubutz — *promtus.*
conogutz — *cognitus.*
desconogutz — *incognitus.*
credutz — *creditus.*
descreutz — *incredibilis, ille cui non creditur.*
decreutz — *a bono opere cessans.*
deceubutz — *deceptus.*
espatlutz — *habens magnos humeros.*
pendutz — *suspensus.*
despendutz — *expensus a suspendio.*
sospendutz — *suspensus.*
mogutz — *motus.*
esmogutz — *commotus.*
tendutz — *tensus.*
atendutz — *expectatus.*
destendutz — *distensus.*
estendutz — *extensus.*
tengutz — *tentus.*
sostengutz — *sustentatus.*
vengutz — *qui jam venit.*
revengutz — *melioratus.*
esperdutz — *stupefactus.*
reconogutz — *recognitus.*
cregutz — *auctus.*
descregutz — *diminutus.*

enbutz — *imbutus*, — *illud cum quo mittitur vinum vel aqua in vase.*
batutz — *percussus.*
conbatutz — *preliatus.*
tautz — *feretrum.*

IN US.

Lus — *dies lune.*
l'us — *unus.*
us — *unus.*
us — *hostium.*
us — *usus.*
brus — *fuscus.*
grus — *granulum uvè.*
reclus — *reclusus.*
conclus — *conclusus.*

negus — *nullus.*
jus — *deorsum.*
dejus — *jejunus.*
fus — *lignum cum quo femine filant.*
confus — *confusus.*
palus — *palus, ludis.*
pertus — *foramen.*
crus — *crudus.*
enfrus — *homo insatiabilis.*
plus — *plus.*
Cerberus — *janitor inferni.*
Dedalus — *proprium nomen viri.*
Tantalus — *proprium nomen viri.*
Artus — *proprium nomen viri.*
sus — *sursum.*
Jhesus — *filius Dei.*
comus — *communis.*

E devetz saber que la seconda persona del presen del conjunctiu se dobla en la prima conjugazo si cum:

Et debetis sapere quod secunda persona presentis conjunctivi duplicatur in prima conjugatione verbi gratia:

Cans o chantes — *cantes.*
enbarcs o enbargues — *impedias.*
estancs o estanques — *liges.*

ensais o ensaies — *probes.*
bais o baises — *osculeris.*
lais o laisses — *dimittas.*

Et aquesta regla es gènerals per la maior part, mas non de tot.

Et hec regula est generalis pro majori parte, sed non ex toto.

IN URA LARG.

Cura — *cura.*
pura — *pura.*
rancura — *querimonia.*
rancura — *conqueritur.*
jura — *jurat.*
perjura — *dejerat.*
mesura — *mensura.*
desmesura — *superfluitas.*
desmesura — *facit contra mensuram.*
amesura — *facit ad mensuram.*
dura — *dura.*
dura — *durat.*
endura — *jejunium.*

IN URA ESTREIT.

Calura . . . .
melhura — *meliorat.*

pejura — *peior efficitur.*
atura — *conatur.*
falsura — *falsitas.*
dreitura — *justitia.*
adreitura — *justiciat.*
conjura — *adjurat.*
pastura — *pascua.*
pastura — *pascitur.*
aventura — *fortuna.*
desaventura — *infortunium.*
centura — *zona.*
escura — *obscura.*
peintura — *pictura.*
agura — *auguratur.*
segura — *secura.*
asegura — *reddit securum.*
ambladura — *planus et velox incessus.*
pura — *pura.*
mura — *facit murum.*

natura — *natura.*
disnatura — *facit contra naturam.*
cosdura — *sutura.*

IN ARA.

Cara — *cara.*
amara — *amara.*
rara — *rara.*
clara — *clara.*
para — *parat.*
ampara — *occupat.*
desampara — *derelinquit.*

gara — *custodit.*
esgara — *aspicit.*
regara — *respicit.*
ara — *modo.*
ancara — *adhuc.*

IN ERA.

Fera — *fera.*
bera — *feretrum.*
esmera — *depurat.*
lesgera — *legerem.*
cantera — *cantarem.*

Et totas las primas personas [et las terzas] del presen de l'obtatiu de la prima conjugazo fenissen in ERA o en IA.

Et omnes prime persone et tertie presentis obtativi prime conjugationis finiunt in ERA vel in IA.

IN ERA ESTREIT.

Cera — *cera.*
pera — *pirum.*
vera — *vera.*
apodera — *suppeditat.*

IN EIRA.

Cadeira — *cathedra.*
feira — *nundine.*
feira — *feriat.*
teira — *series.*
enteira — *integra.*
ateira — *per seriem positum.*
ribeira — *planicies juxta aquas.*
sobreira — *exuperans, superba.*
arqueira — *fenestra vel fissura ad sagittandum.*
lebreira — *canis leporina.*
carreira — *strata vel via publica.*
saleira — *ubi sal reponitur.*
maneira — *modus vel ad manum cito veniens.*
mezongeira — *mendax mulier.*
plazenteira — *placens mulier.*

corseira — *discurrens mulier.*
enqueira — *inquirat.*
requeira — *requirat.*
soudadeira — *mulier accipiens solidum.*
detreira [var. *derreira.*] — *ultima.*
presenteira — *mulier audaciter loquens.*
peteira — *mulier bumbos faciens.*
meira — *mereatur.*

IN IRA.

ira — *ira.*
mira — *aspicit.*
remira — *valde aspicit.*
tira — *trahit.* [var. *tirat.*]
sospira — *suspirat.*
desira — *desiderat.*
adira — *odio habet.*
vira — *volvit.*
revira — *revolvit.*
gira — *idem quod supra.*
regira — *idem quod supra.*
esconsira — *considerat.*

E totas las primas personas e las terzas del presen de l'obtatiu de la prima conjugazo in IRA fenissen aisi sicum: *auzira, dormira.*

Et omnes prime persone et tertie presentis optativi prime conjugationis finiunt in IRA ita: verbi gratia, *audirem* vel *audiret*, *dormirem* vel *dormiret*.

IN ORA LARG.

Nora — *nurus*.
Flora — *proprium nomen mulieris*.
demora — *moratur vel ludit*.
fora — *foras*.
devora — *devorat*.

IN ORA ESTREIT.

Ora — *ora*.
adora — *adorat*.
aora — *modo*.
labora — *laborat*.
plora — *plorat*.
mora — *morum*.
fora — *esset*.
cora — *quando*.
onora — *honorat*.
assapora — *gustat quod sapit*.
odora — *odorat*.

IN AURA.

Aura — *aura*.
laura — *color laureus*.
maura — *nigra*.
saura — *grisea*.
daura — *daurat*.
sobredaura — *idem*.
essaura — *ad aerem ponit*.
restaura — *restaurat*.

IN ALA.

Ala — *ala*.
sala — *aula*.
pala — *pala ad extrahendum panem*.
tala — *devastacio vel detrimentum*.
tala — *devastat*.
cala — *tacet*.
mala — *mala*.
mala — *mantica*. [var. *mancia*.]
escala — *scala*.
escala — *ordinat exercitum*.

sala — *salem mittit*.
dessala — *salem tollit*.

IN ELA LARG.
In hac larga.

Bela — *pulchra*.
noela — *novella*.
noela — *novum verbum*.
renovela — *renovat*.
maissela — *maxilla*.
mamella — *mamma*.
cembela — *ostendit avem ad capiendum aves*.
apela — *vocat vel appellat*.
caramela — *fistula cantat*. [var. *canit*.]
piuzela — *virgo vel puella*.
despuzela — *corrumpit virginem*.
sela — *sella*.
sela — *sellam mittit*.
desella — *sellam tollit*.
acantela — *latus declinat*.
mantela — *velat*.
canela — *species quedam*.
revela — *revelat vel rebellat*.
capdella — *ducatum prebet*.
aissella — *acella*.
pustela — *fistule*. [var. *morbus*.]
padela — *patella* [var. *patena*.] vel *sartago*.

IN ELA ESTREIT.

Cela — *illa*.
cela — *celat*.
vela — *velum*.
pela — *pilos aufert*.
tela — *tela*.
estela — *stella*.
donzela — *domicella*.
candela — *candela*.

IN ILA.

Vila — *villa*.
ila — *insula*.

pila — *lapis cavus.*
pila — *pes pontis.*
pila — *terit.*
fila — *net.*
guila — *deceptio.*
deffila — *extrahit filum.*
anguila — *anguilla.*
afila — *acuit.*
apila — *innititur.*
esquila — *parva campana.*
crila — *cribrat.*

IN OLA LARG.

Stola — *stola.*
fola — *stulta.*
degola — *precipitat.*
mola — *molat vel mola.*
dola — *dolat.*
escola — *scola.*
acola — *amplectitur ad collum.*
percola — *valde amplectitur.*
sola — *soleas consuit.*
desola — *dissuit soleas.*
viola — *viola.*
vola — *volat.*
filhola — *que habet patrinum.*
affola — *destruit.*

IN OLA ESTREIT. [1]

Sadola — *saturat.*
gola — *gula.*
agola — *in gula mittit.*
esgola — *foramen facit in veste unde caput intrat.*
cola — *colat.*
escola — *exhaurit.*
sola — *sola.*
sadola — *saturat.*
grola — *solea vetus.*
fola — *sub pedibus calcat.*
bola — *meta.*
bola — *metas ponit.*
mezola — *medulla.*
ola — *olla.*

---

[1] à partir d'ici le Ms. 42 ne donne plus le latin.

IN ULA.

Mula — *mulla.*
recula — *retrograditur.*
acula — *cullum ponit in terra.*

IN ALHA.

Malha — *hamus lorice.*
desmalha — *spoliat.*
malha — *facit hamos in lorica.*
malha — *macula in oculo.*
malha — *maleo percutit.*
malha..........
trebalha — *labor.*
trebalha — *laborat.*
anualha — *inertia.*
anualha — *vilescit vel ad pigritiam venit.*
batalha — *prelium.*
seralha — *illud ubi clavus mittitur.*
moralha — *quod pendet in vecte.*
palha — *palea.*
buscalha — *colligit ligna minuta.*
talha — *secat vel tributum.*
rethalha — *iterum secat.*
entalha — *sculpit.*
eschalha — *frangit.*
baralha — *contentio.*
valha — *valeat.*
salba — *saliat.*
assalha — *assaltum det.*
tartalha — *loquitur frequenter et preciose.*
mezalha — *obolum.*
falha — *facula.*
falha — *delinquat.*
falha — *quidam ludus tabularum.*
toalha — *mantille.*
ventalha — *pars lorice que ponitur ante faciem.*
badalha — *oscitat id est aperit os.*
fendalha — *fissura.*

IN ELHA ESTREIT.

Vermelha — *rubicunda.*
semelha — *similat.*
somnelha — *frequenter somniatur, vel dormitat.*
velha — *vigilat.*

revelha — *excitat.*
esvelha — *evigilat.*
ovelha — *ovis.*
solelha — *ad solem siccat.*
conselha — *consulit.*
botelha — *botelha vas aquatile.*
aparelha — *preparat vel equat.*
desparelha — *dispares facit.*
pendelha — *frequenter pendit.*
aurelha — *auricula.*
pelha — *vetus pannus.*
relha — *ferrum aratri.*
selha — *vas aquatile.*
telha — *cortex tilie.*
abelha — *apis.*
estrelha — *ferrum, instrumentum proprium [ad] equos tergendos.*
estelha . . . .
trelha — *vitis in altum elevata.*

IN ELHA LARG.

Velha — *veterana.*
Amelha — *proprium nomen mulieris.*

IN ILHA.

Filha — *filia.*
miravilha — *mirum vel mirabile.*
roilha — *rubigo vel rubigine ungitur.*
desroilha — *aufert rubiginem.*
bilha — *ligneus ludus.*
essilha — *in exilium mittit.*
cornilha — *cornix.*
canilha — *unus comedens dura? (sic.)* [1]
ponzilha — *ponit ligna supra muros.*
ilha — *ilia.*
adouzilha — *spinam in dolio mittit.*
asotilha — *subtiliat.*
afilha — *adoptat in filium vel in filiam.*

---

[1] Sans doute *vermis* au lieu de *unus.* (Canilha, *chenille.*)

IN OLA LARG.

Molha — *humecta vel aqua perfundit.*
remolha — *ad humiditatem venit.*
despolha — *expoliat.*
volha — *velit.*
tolha — *auferat.*
destolha — *diruat.*
dolha — *doleat.*
acolha — *bene recipiat.*
recolha — *patrocinetur.*
orgolha — *superbit.*
capdolha — *ascendit.*
brolha — *pullulat.*
trolha — *exprimit torculari.*
folha — *equivocum, folium, vel folia producere.*

IN OLHA ESTREIT.

Colha — *pellis testiculorum.*
dolha — *foramen quo alba inserit. (sic.)* [1]
Polha — *provincia quedam.*
solha — *polluit.*
verolha — *vecte firmat.*

IN AMBA.

Camba — *tibia.*

IN ENGA.

Lenga — *lingua.*
lausenga — *adulatio vel verbum bilinguis. (sic.)*
fenga — *fingat.*
tenga — *tingat.*
estrenga — *stringat.*

IN ANCA.

Branca — *frondes.*
blanca — *candida.*
abranca — *capit vimen.*
tanca — *firmat.*
estanca — *retinet aquam.*
anca — *nates.*
manca — *mulier amissa.*
sanca — *manus sinistra.*

---

[1] il faut lire *inseritur?*

IN IGA.

Figa — *ficus.*
triga — *moram facit.*
destrica — *inpedit.*
eniga — *iniqua.*
enemiga — *inimica.*
antiga — *antica.*
mendiga — *mendica.*
diga — *dicat.*
esdiga — *neget.*

IN IA.

Embria — *proficit.*
cambia — *permutat.*
tria — *eligit.*
lia — *ligat.*
deslia — *solvit.*
tria — *discernit.*
mia — *mea.*
sia — *sit.*
afia — *fidejubet.*
desfia — *diffidit vel minatur.*
dia — *dies.*
mia — *amica.*
ria — *rideat.*
aucia — *occidat.*

IN ICA.

Pica — *picat.*
fica — *figit.*
afica — *vincit, affirmat.*
desfica — *evellit.*
rica — *dives mulier.*

IN EGA.

Lega — *leuga.*
ega — *equa.*
pega — *insipida.*
sega — *secat.*
sega — *sequatur.*
cega — *ceca.*
trega — *treuga.*
encega — *excecat.*
persega — *persequatur.*
consega — *consequatur.*

IN AUCA.

Pauca — *parva.*
auca — *anser.*
mauca — *venter grossus.*
rauca — *rauca.*
erauca — *terra sterilis.*

IN ESCA.

Lesca — *particula panis.*
sesca — *arundo, secans?*
fresca — *recens.*
bresca — *favus.*
antrebresca — *intermisit.*
mesca — *propinet.*
pesca — *piscatur.*
cresca — *crescat.*
esca — *illud cum quo ignis accenditur vel esca cara cani.*
adesca — *inescat.*
tresca — *chorea intricata.*
tresca — *choream facit vel ludum intricatum.*

IN AIRA.

Laira — *latrat.*
vaira — *variat.*
quaira — *quadrat.*
escaira — *quadrum distrue.*
esclaira — *clarescit.*
repaira — *repatriat.*
aira — *area.*

IN OSSA LARG.

Fossa — *cavea.*
grossa — *grossa.*
trasdossa — *mantica vel quidquid portat homo in dorso equi.*
ossa — *collectio ossium.*
desossa — *carnes ab ossibus removet.*

IN OSSA ESTREIT.

Rossa — *runcia.*
mossa — *sarcina que in veteri arbore nascitur super corticem.*
trossa — *sarcina.*

trossa — *ligat sarcinam.*
destrossa — *sarcinam* ..... [*de-*
ponit vel furatur?]
escossa — *excussa.*
rescossa — *excussa.*

IN OSA LARG.

Rosa — [*rosa.*]
osa — [*audet.*]
glosa — [*ylosa.*]
prosa — [*prosa.*]

in OSA estreit fenissen tuit li femini que sunt dels ajectius que fenissen in os estreit.

in OSA estreit finiunt omnia feminina adjectivorum nominum finientium in os.

IN ASSA.

Grassa — *grassa.*
lassa — *fatigata.*
passa — *transit.*
massa — *nimis alicujus rei.*
amassa — *congregat.*

IN OIRA.

Foira — *fluxus.*
esfoira — *ventris polluit fluxus.*
Loira — *Liger.*
zoira — *vetus canis.*

IN ISCLA.

Giscla — *pluit simul et ventat.*
ciscla — *alta voce clamat.*
iscla ....

Portz — *portus.*
portz — *portes.*
aportz — *deferas.*
deportz — *ludus in spaciando.*
deportz — *ludas.*
mortz — *mors.*
mortz — *mortuus.*

Et hec de ritimis dicta sufficiant; non quod plures adhuc nequeant inveniri, sed, ad vitandum lectoris fastidium, finem operi meo volo imponere, sciens procul dubio librum meum emulorum vocibus lacerandum, quorum est proprium reprehendere que ignorant. Sed si quis invidorum in mei presentia hoc opus redarguere presumpserit, de scientia mea tantum confido quod ipsum convincam coram omnibus manifeste, sciens quod nullus ante me tractavit ita perfecte super his nec ad unguem ita singula declaravit. Cujus [auctor] Ugo nominor, qui librum composui precibus Jacobi de Mora et domini Corani Zhuchii de Sterlleto ad dandam doctrinam vulgaris Provincialis et ad discernendum verum a falso in dicto vulgare [1]).

---

[1]) au commencement du manuscrit de la bibliothèque Ambrosienne, on lit: Incipit liber quem composuit Ugo Faiditus precibus Jacobi de Mora et domini Conradi de Sterleto ad dandam doctrinam... (le reste comme ci-dessus).

EXPLICIT LIBER DONATI PROVINCIALIS.

LAS RASOS DE TROBAR

DE R. VIDAL.

LAS RASOS DE TROBAR.

Per so qar ieu Raimonz Vidals ai vist et conogut que pauc
d'omes sabon ni an saubuda la drecha maniera de trobar, voill
eu far aquest libre, per far conoisser et saber qals dels trobadors
an mielz trobat et mielz ensenhat ad aqelz qe volran aprenre
com devon segre la drecha maniera de trobar. Pero s'ieu i
alongi en causas qe porria plus brieumens dir, nous en deves
meravellar; car eu vei et conosc qe mant saber en son tornat en
error et en tenso qar eran tant breumens dig. Per q'ieu alon-
garai en tal luec qe porria ben leu plus breumentz hom dir; et
aitan ben si ren i lais o i fas errada, pot si ben avenir per oblit;
(qar ieu non ai ges vistas ni auzidas totas las causas del mon),
o per fallimentz de pensar. Per qe totz hom prims ni entendenz
no m'en deu uchaizonar, pois conoissera la causa. E sai ben
que mant home i blasmeran, o diran: „aital ren i degra mais
metre,“ qe sol[1]) lo quart non sabrian far ni conoisser, si non o
trobessen tan ben assesmat. Autresi vos dig qe homes prims i
aura, de cui vos dic, sitot s'estai ben, que i sabrian bien meil-
horar o mais metre; qar greu trobares negun saber tan fort ni
tan primamenz dig, qe uns hom prims no i saubes melhurar, o
mais metre. Per q'ieu vos dig qe en neguna ren, pos basta
ni benista, non devon ren ostar ni mais metre. [2])

Tota gens Crestiana, Juzeus et Sarazis, emperador, princeps,
rei, duc, conte, vesconte, contor, valvasor, et tuit autre cavailler

---

[1]) R. qe sol l'uchaizo no sabra ni conoissera.
[2]) R. Per qu'ieu vos dic qu'en negun dig, pos basta ni benestai,
neguns homz nol deu tocar ni mover.

e clergues borges e vilanz, paucs et granz, meton totz jorns lor
entendiment en trobar et en chantar, o qen volon trobar, o qen
volon entendre, o qen volon dire, o qen volon auzir, qe greu
seres en loc negun tan privat ni tant sol, pos gens i a, paucas o
moutas, qe ades non auias cantar un o autre, o tot ensems, qe
neis li pastor de la montagna lo maior sollatz qe ill aian an de
chantar; et tuit li mal el ben del mont son mes en remembransa
per trobadors; et ja non trobaras[1]) mot un mal dig, pos trobaires
l'a mes en rima, qe tot jorns en remembranza [non sia]; qar
trobars et chantars son movemenz de totas galliardias.

En aqest saber de trobar son enganat[2]) li trobador et dirai
vos com ni per qe. Li auzidor qe ren non intendon, qant auzon
un bon chantar, faran semblant qe fort ben l'entendon et ges no
l'entendran, qe cuieran so qelz en tengues hom per pecs si dizon
qe non l'entendesson: et en aisi enganan lor mezeis, qe uns dels
maior sens del mont es qi demanda ni vol apenre so qe non sap,
et assatz deu aver maior vergoigna cel qi non sap qe aicel qi
demanda. Et sil qe entendon, qant auzion un malvais trobador,
per ensegnament li lauzaran son chantar; et si no lo volon lau-
zar, al menz nol volran blasmar; et aisi son enganat li trobador,
et li auzidor n'an lo blasme; car una de las maiors valors del
mont es qui sap lauzar so qe fai a lauzar, et blasmar so qe fai
a blasmar.

Sill qe cuion entendre et non entendon, per otracuiament
non volon apenre, et en aisi remanon enganat. Ieu non dic ges
qe toz los homes del mon puesca far prims ni entendenz, ni qe
fassa tornar de lor enveitz senz plana paraola; que anc Dieus
non fes tant grant ordre, qe pos homs escouta l'error, q'om no
trobe qalacom home qe lai inclina son cor. Per qe, sitot ieu
non entent qe totz los puesca far entendentz, si vueill far aqest
libre per l'una partida.[3])

Aqest saber de trobar non fon anc mais ajostatz tan ben
en un sol luec, mais qe cascun n'ac en son cor, segon que fon
prims ni entendenz. Ni non crezas que neguns hom n'aia istat
maistres ni perfaig; car tant es cars et fins lo saber qe hanc nuls

---

[1]) R. non trobaras re mal dicha ni ben dicha, pos li trobador l'an
dicha ni mes solamen en rima, que tostemps pois non sia en remembranza,
e trobars e cantar egalment de totas autras gaillardias.

[2]) R. son enganat dels trobadors e dels auzidors eissaments mantas
vetz.

[3]) R. Per qe sitot non sun tant entendentz qom ieu volgra per far totz
entendentz, si vueil eu far aquest libre per la una partida.

homs non se donet garda del tot. So conoissera totz homs prims
et entendenz qe ben esgard' aqest libre. E non dic ieu ges qe
sia maistres ni parfaitz, mas tan dirai segon mon sen en aqest
libre, qe totz homs qi l'entendra ni ara bón cor de trobar, poira
far sos cantars ses tota vergoigna.

  Totz hom qe vol trobar ni entendre deu primieramont saber
qe neguna parladura no es tant naturals ni tant drecha del nostre
lingage con aqellà de Proenza o de Lemosi o de Saintonge o
d'Alvergna o de Caerci. Per qe ieu vos dic qe qant ieu par-
larai de Lemosis, qe totas estas terras entendas, et totas lor
vezinas, et totas cellas qe son entre[1] ellas. Et tot l'ome qe
en aqellas sont nat ni norit an la parladura natural et drecha;
mas cant us de lor es issitz de la parladura per una rima o per
alcun mot qe li sera mestier, cuion las genz qi non entendon qe
la lur lenga sia aitals, qar non sabon lur lenga; per qe mielz lo
conois cel qi ha la parladura reconoguda que sel qi non la sap,
e per zo non cuion mal far qan geton la parladura de sua natura,
anz cuion qe sia aitals la lenga. Per q'ieu vueil far aquest libre
par far reconoisser las parladuras d'aquels qi la parlon drecha, e
per enseignar aicels qui non la sabon.
  La parladura Francesca val mais et [es] plus avinenz a far
romanz et *pasturellas;*[2] mas cella de Lemosin val mais per far
vers et *cansons* et *serventes;* et per totas las terras de nostre len-
gage so de maior autoritat li cantar de la lenga Lemosina que de
negun' autra parladura, per q'ieu vos en parlarai primer-
amen.[3]
  Mant home son qe dizon qe PORTA ni PAN ni VIN non son
paraolas de Lemosin, per so car si dison en autras terras quom
en Lemozi; et sol non sabon qe dizon; car totas paraolas qe
ditz hom en Lemozi d'autras guisas que en autras terras, aqellas
son propriamenz de Lemozi. Per q'ieu vos dic qe totz hom qi
vòl trobar ni entendre deu aver fort privada la parladura de Le-
mosin, et apres deu saber alques de la natura de gramatica, si

---

[1]) R. enveiron d'ellas.
 [2]) R. a far *romantz*, *retromas* (sic) e *pastorellas*. — *retromas* est sans
doute une leçon fautive pour *retronchas*. Voyez sur ce genre de poésie
las Leys d'amors. T. I, p. 346.
 [3]) R. cella de Lemozi val mais a *chanzos* et *sirventes* et *vers* de totas
las autras dels nostres lengatges, e per aizo son e maior auctoritat li cantar
de la parladura de Lemozi qe de negun' autra lenga.

fort primamenz vol trobar ni entendre; car tota la parladura de
Lemosin se parla naturalmenz et per cas et per genres et per
temps et per personas et per motz, aisi com poretz auzir aissi,
si ben o escoutas. [1])

Totz hom qe s'entenda en gramatica deu saber qe VIII.
partz son de qe totas las paraolas del mont si trason, [2]) so es
NOMS, PRONOMS, VERBS, PARTECIPS, ADVERBIS, CONJUNCTIOS, PREPO-
SITIOS et INTERJECTIOS.

Outra tot aiso qe ieu vos dich, deves saber qe paraulas i
son de tres manieras: las unas son *adjectivas* et las autras *sub-
stantivas*, et las autras ni l'un ni l'autre. *Adjectivas* et *sub-
stantivas* son totas acellas qe an pluralitat et singularitat, et
mostron genre et persona et temps, o sostenon o son sosten-
gudas, aisi con son sellas del nom et del pronom e del particip
et del verb, mas cellas de l' averbi et de la conjunctio et de la
prepositio et de la interjectio, per so car singularitat ni plurali-
tat non an, ni demostron genre ni persona ni temps, ni soste-
non ni son sostengudas, no son ni l'un ni l'autre, et podes las
appellar neutras.

Las paraulas adjectivas son com: *bons, bels, bona, bella,
fortz, vils, sotils, plazens, soffrenz, am, vau, grasisc, engresisc*, o
cant a o qe fai o qe suffre; et son appelladas adjectivas, car
hom no las pot portar ad entendement, si sobre substantius non
las geta.

Las paraulas substantivas son aiso com: *bellezza, bonezza,
cavaliers, cavals, dompna, poma, ieu, tu, mieus, tieus, sui, estau*,
et totas las autras del mont, qe demostron substantia visibil e
non visibil; et per aiso an nom substantivas car demonstran
substantia et sostenon las ajectivas, aisi com si ieu dizia: „*Reis
sui d'Aragon*, o: *ieu sui rics homs.*" [3])

Las paraulas adjectivas son de tres manieras: las unas son
masculinas, et las autras femininas, et las autras comunas. Las
masculinas son aisi com *bos, bels, gais, blancz*, et totas cellas qe
hom ditz en l'entendiment del masculin; et no las pot hom dir
mas ab substantiu masculin. Las femininas son aisi com *bona,
bella, gaia, blancha*, et totas cellas qe hom ditz en entendiment
del feminin; et no las pot hom dir mas ab substantiu feminin.

---

[1]) R. si ben m'escoutares.
[2]) R. del mon devizon, so es . . . .
[3]) R. e podes en far una razon complida, ses las adjectivas, ab lo verb,
aissi cum si ieu dizia: *Reis sui d'Aragon, cavalliers sui, caval hai.*

Las comunas son aisi com: *fortz*, *vils*, *sotils*, *plasenz*, *suffrenz*, *am*, *vau*, *grasisc*, et mantas d'autras qe n'i a d'aqesta maniera. Et son per aisso appelladas comunas car hom las pot dir aitan ben a substantiu masculin com ab feminin, o a feminin com a masculin et com ab comun; car aitan ben n'i a de tres manieras com de las substantivas.

Las paraulas substantivas femininas son: *bellezza*, *bonezza*, *dompna*, *Roma*, et totas las autras qe demostran substantia feminina. Las masculinas son: *cavaliers*, *cavals*, et totas las autras qe demonstron substantia masculina. Comunas son totas aqestas: *ieu*, *sui*, *estau*, *tu*, et totas las autras don si pot demostrar aitan ben homs com femna, aisi com *verges*; car hom pot ben dir: *verges es aqest homs*, o: *verges es aquesta femna*.

Primieramentz vos parlarai del nom et de las paraolas qe son de la sieua substantia, com las ditz hom 'en Lemosin. Saber deves qel nom a sinc declinations, et qascuna d'ellas a dos nombres, so es a saber lo singular el plural. Lo singulars parla d'una el nominatiu, el genitiu, el datiu, el vocatiu et el ablatiu.

Après tot aisso deves saber qe grammatica fai v. genres, so es a saber masculins, feminins, neutris, comus et omnis. Mas en Romans totas las paraolas del mont, adjectivas o substantivas, son masculinas o femininas o comunas o de lur entendemen, aisi com ieu vos ai dig desus. En petitas[1]) en fora, qe pot hom abreviar, per rason del neutri, el nominatiu el vocatiu singular, aisi com qui volia dir: *bon m'es car m'aves onrat*, o: *mal m'es car m'aves tengut*, — *bel es aiso;* et autresi van tuit cill d'aqest semblant. Et dar vos n'ai eisémple dels masculins et dels feminins. En gramatica es *arbres* feminins, et *cors* es neutris; et ditz los hom en Romans masculins. En gramatica fai hom masculin *amor*, et *mar* neutriu; et ditz los feminins en Romans.[2]) Autresi totas las paraulas del mont son

---

[1]) je corrige *en petitas* au lieu de *en petit us* qu'on lit dans la première édition, en me fondant sur une leçon du ms. Riccardi, qui distingue ici les mots en petits et grands (*petitas et grandas*). le passage est trop corrompu, du reste, pour pouvoir être rapporté.

[2]) R. E donar vos n'ai eisemple dels masculins et des feminins et dels autres. En gramatica es femenis *arbres* et en Romans es masculins. en gramatica fa hom masculin *amors* et *amar* neutre, et en Romanz feminini *amors* et *amar* comun, et atressi . . . .

masculinas o femininas o comunas o de lur entendemen en Romans. D'aqest dos cas[1]) en fora, qe ieu vos ai dich, qe son neutriu per abreviar. Estiers non trobaretz neguna paraula substantiva que hom puesca dir el neutri, mas solamenz las ajectivas, aisi com ieu vos ai dig, el nominatiu et el vocatiu singular, car ja non trobares autre cas negun.

Hueimais deves saber que totas las paraulas del mont masculinas, qe s'atagnon al nomen, et cellas qe hom ditz en l'entendement del masculin, substantivas et adjectivas, *s'alongan*[2]) en vi. cas, so es a saber: el nominatiu singular, el genitiu, el datiu, et en l'acusatiu, et en l'ablatiu plural; et *s'abrevion* en vi. cas, so es a saber: el genitiu et el datiu et el acusatiu et el ablatiu singular. et el nominatiu et el vocatiu plural. *Alongar* apelli ieu cant hom ditz: *cavaliers, cavals*, et autresi de totas las autras paraulas del mon. Si om dizia: *lo cavalier es vengut, o mal mi fes lo caval, o bon sap l'escut,* mal seria dich, qel nominatius singular alongar si deu, sitot hom dis per us: *pus vengut es lo cavalier, o mal mi fes lo caval, o bon sap l'escut.* Et el nominatiu plural deu hom abreviar, si totz hom dis en motz luecs: *vengut son los cavaliers, o mal mi feron los cavals, o bon mi sabon los escutz.* Autresi de totas las paraulas masculinas s'alongon tuit li vocatiu singular et s'abrevion tuit li vocatiu plural. Li vocatiu singular s'alongon, autresi con li nominatiu.

Et eu, per so qe ancaras n'aias maior entendement, vos en

---

[1]) R. d'aquellas doas en fora qi son neutras per abreviar.

[2]) R. S'alongan en dos nombres, en singular et en plural, et en vi. cas, zo es lo nominatius el vocatius singulars, qe se resemblon, et el genitiu, datiu, accusatiu et ablatiu qui se resemblan eissamen; et aquest quatre cas sun appellat oblique. E devetz saber q'en aissi fai lo nominatiu plurals con fai l'oblics singulars, et aissi vai l'oblics plurals qom lo nominatius singulars, q'om diz *cavals*, qi es lo nominatius singulars et *cavals* l'oblics plurals, et *caval* nominatius plurals, qom qi vol dire: *us cavals es aqi*, et *eu hai dos bels cavals*, et *eu pueg e mon caval*, et *dus bel caval sun aquist*; et autressi totas las paraulas del mond; quar hom ditz: *lo cavalliers es vengutz — mal mi fetz lo cavals, o bon mi sap l'escuz*, et sun nominatiu singular, et emplural sun oblic; aissi con qi diria: *vengutz soi aqi*, et es nominatius singulars; et qi volria abreviar diria emplural: *il son vengut*, qom En Peire Vidals qi diz:

> Mout m'es bon e bel
> Qan vei de novel
> La flor el ramel.

mout m'es bon et bel es nominatius neutris, et per aisso lo pauzet neutre per abreviar.

trobarai semblanzas dels trobadors, aisi con o an menat e lors
chantars sobrel nominatiu cas singulars, et sobrel nominatiu plu-
ral, et sobrel vocatiu singular, et sobrel plural, per so car aqest
qatre cas son plus desleu [1]) per entendre a cels que non an la
parladura qe als autres qe l'an drecha; car li catre cas singular,
so es lo genitius el datius et l'acusatius et l'ablatius s'abrevien
per totas las terras del mon; et li catre cas plural, so es a saber
lo genitius el datius et l'acusatius et l'ablatius s'alongon per
totas las terras del mon; mas per so qe li nominatiu el vocatiu
singular non s'alongan, mas per cels que an la drecha parladura,
ni li nominatiu plural non s'abrevion, mas per cels que an la
drecha parladura vos voil donar aital semblanza.

En Bernartz del Ventedor dis:

Bien s'estai, donpna, ardimenz, [2])

et dis en autre luoc:

Bona dompna, vostre cor genz. [3])

En G. de Sain Leidier dis:

Dompna, ieu vos sui messagiers [4])

et en autre luoc dis:

Non sai cals es lo cavaliers. [5])

En G. del Borneill dis:

E pus del mal nom fui l'afans
Et conosc cals serial bes. [6])

tuit aquist foron nominatiu singular alongat.

Araus donarai senblantz dels vocatius en un luec:

Et vos donpna pros, franche et de bon aire. [7])

---

[1]) *desleu*, R. estrainz.
[2]) Ce vers se trouve dans la pièce: *Ab joi mou lo vers el comens* —
conservée dans 18 manuscrits et publiée 1º par Raynouard, *Choix des poé-
sies orig. des Troub.*, t. III, p. 43, 2º par M. le Dr. Mahn, *Die Werke
der Troubadours*, T. I, p. 16. Berlin, 1855.
[3]) Même pièce.
[4]) C'est le premier vers de la chanson publiée par Rochegude; *Parnasse
Occitanien*, p. 283 et par M. le Dr. Mahn, T. II, p. 42. — Cette chansons
se trouve dans 12 manuscrits; elle est repetée deux fois dans le Ms. d'Urfé,
(Bibl. Imp., La Vall. 14.)
[5]) Même chanson.
[6]) Dans la chanson: *Can creis la fresca fuelha els rams*, qui se
trouve dans 14 manuscrits. — J'ai restitué ces deux vers d'après les Ms.
de la Bibl. Imp., La Vall. 14, et Suppl. fr. 2032.
[7]) J'en 'ai pu retrouver ce vers ni la citation qui suit.

en autre luoc[1]) dis:

> Ben a dos anz,
> Bels cors prezanz. [2])

Araus donrai senblanz dels nominatius plurals, com s'abrevion. En B. del Ventadorn dis:

> li sei bel oil trahidor[3])

e B. de Bornz diz:

> Saber podon Peitavin et Norman. [4])

et en G. del Borneill dis:

> Et sil fag son gentil. [5])

Pois vos donarai semblant dels vocatius plurals. En B. del Ventadorn dis:

> Ar me consilhatz, senhor.[6])

Estiers vos vuell far saber qe una paraula i a masculina, ses plus, qe s'alonga el nominatiu et el vocatiu singular et en toz los plurals, so es a saber: *malvaz*.

Ausit aves com hom deu menar las paraulas masculinas en abreviamen et en alongamen. Araus parlarai de las femininas

---

[1]) *luoc*. R. cantar.

[2]) R.
> Eu hai de vos cantat
> ben dos ans,
> cors presans.

[3]) Dans la chanson: *Ar me consilhatz, senhor*, dont le premier vers est cité un peu plus bas par R. Vidal. Cette pièce, publiée par Raynouard, *Choix*, T. III, p. 88., et par M. le Dr. Mahn, T. I, p. 34., se trouve dans 15 manuscrits, où elle commence tantôt comme l'indique R. Vidal, tantôt par ce vers, qui est la leçon adoptée par Raynouard:
> acosselhatz mi, senhor.

tantôt aussi par:
> aram cosselhatz, senhor.
> ar m'accosselhatz . . . . .
> Eram cosselhatz . . . . .
> ara m'escoutatz . . . . .

[4]) Dans la chanson: *quan la novella flors par el verjan.* que l'on trouve dans 8 manuscrits; elle a été publiée par Raynouard, IV, 179, et par M. le Dr. Mahn, I, 308.

[5]) Dans la chanson: *Leu chansonet' e vil.* qui se trouve dans 14 manuscrits. Voyez entre autres le Ms. de la Bibl. Imp., La Vall. 14.

[6]) V. la note 3 ci-dessus. R. ajoute ici: Vos devetz saber que aquest *segnor* fou vocatius qu'abrevies en lo plural.

et de totas cellas qe hom dis en entendement en feminin. Saber deves que las paraulas femininas i a de tres manieras: las unas que fenissen en A, en aisi com: *dompna, bella, blancha, poma*, et mantas autras paraulas d'aqest semblan. Las autras fenisson en OR, en aisi com: *amor, color, lauzor.* D'autras n'i a que feneisson en ON, en aisi com: *chanson, saison, faison, ochaison.*

Saber deves qe totas cellas qe fenisson en A, adjectivas et substantivas aisi com: *dompna, poma,* s'abrevian en .VI. cas singulars, et alongan si en los .VI. cas plurals.

Las autras que feneisson en OR, en aisi com *amor, color, lauzor,* et aqellas qe feneisson en ON, aisi com *chanson, sazon, ucaison,* s'alongon en .VIII. cas so es a saber: el nominatiu et el vocatiu singular, et en toz los cas plural, et abrevion si el genitiu et el datiu et en l'acusatiu et en l'ablatiu singular. [1])

Et per so car li nominatiu singlar son plus salvatge a cels que non an la drecha parladura qe toz los autres, et darai vos en semblanz dels trobadors.

En Folquetz diz:

Sal cor plagues ben for' oimais sazos [2])

Narnautz de Merueill dis:

Sim destrenhetz, dona, vos et amors. [3])

et manz d'autres qe n' i a, qe ieu porria dir. Mas en una paraula o en duas, qe ieu diga per senblan, pot entendre toz homs prims totas las autras.

Estiers vol vuel dir qe paraulas i a qe s'alongon en toz los cas singulars et plurals, en aisi com: *delechos, joios, volontos, ris, gris, vis, lis, cors, ors, las, nas, vas, cas, ras, solatz, braz, glatz, res, gras, pres, confes, engres, temps, gems, fals, lus, us, reclus, condus, claus, repaus, ars, spars, vers, travers, convers, envers, ro-*

---

[1]) Le Ms. R. divise autrement les substantifs féminins, tout en les soumettant aux mêmes règles: paraulas femininas i a de doas manieras: las unas que fenissen en A, en aisi com *dompna, poma* et mantas autras d'aquest semblan; las autras fenisson en s, qon *amors, calors, chanzos, faizos* et mantas autras d'aquest semblan.

[2]) Ce Folquet est Folquet de Marseille. C'est ici le premier vers d'une de ses chansons conservée dans 18 manuscrits et publiée d'abord partiellement par Crescimbeni, puis en entier par Raynouard, III, p. 156., et par M. le Dr. Mahn, I, 319.

[3]) C'est le premier vers d'une chanson qui se trouve dans 19 manuscrits et qui a été publiée par Raynouard, III, p. 283., et par M. le Dr. Mahn, I, 158.

mans, enans, e noms propres d'omes et de terras, aisi con: *Paris,
Peiteus, Angueus, Pais, Ponz,* et mantz autres qe n'i a, qe rema-
non e l'esgardament d'omes prims.   Encars i a de paraulas qe
s'alongon per totz los cas singulars et plurals per us de parla-
dura, et car si dizon plus avinnenmenz, aisi com: *emperairis,
chantairis, ballairitz,* et totas cellas qe son d'aqest semblant.

Autras paraulas i a qe hom pot abreviar, car son acusatiu
singular, et en aqest cas mezeis, pot los hom alongar per us de
parladura, aisi com qui volia dir: *ieu mi fai gai,* o: *ieu mi teng
per pagat,* et en aisi es dig per cas; et dis hom ben: *ieu mi fai
gais,* o: *ieu mi tenc per pagatz.*   Et en aisi ditz los homs per
us de parladura o qar se dizon plus avinen, et totz aqels d'aqest
semblant.

Encara vuell qe sapchatz qel nominatius el vocatius singu-
lars ditz *totz,* et en totz los autres cas singulars ditz hom *tot;*
el nominatius el vocatius plurals ditz *tut,*[1]) et en totz los autres
cas plurals ditz hom *totz.*

Saber deves eissamen qe paraula i a del verb qe ditz hom
aisi com del nom, so es a saber en nominatiu, aisi com qui volia
dir: *mal mi fai l'anars,*[2]) o: *bon sap le venirs;* et autresi s'alon
gan et s'abrevian com li nom masculin.

Las paraulas substantivas comunas, qant las ditz hom per
masculin, s'alongan et abrevian aisi con li masculin; et cant si
dizon per feminin, s'alongan et s'abrevian aisi com li feminin qe
non feneissen en A.

En vostre cor devetz saber que tuit li adjectiu comun, so
es a saber: *fortz, vils, sotils, plazenz, soffrenz,* de calqe part qe
sian, o nom o particip, s'alongan el nominatiu et el vocatiu sin-
gular, ab qalqe sustancia sian ajostat, ab masculina o ab femi-
nina, aisi con qui volia dir: *fortz es le chavals,* o: *fortz es li
donna,* o: *fortz es li chansons;*[3]) et en totz los autres cas alongan
si et s'abrevian, aisi com li substantiu.

Sapchatz qe *uns* s'alonga el nominatiu singlar, et per totz
los autres cas, ditz hom *un;* et el nominatiu et el vocatiu plural
ditz hom *dui, trei,* et en tot los autres, *dos, tres;* et en tot los
autres nombres entro a c. ditz hom per totz cas d'una guiza;

---

[1]) *Tut.*   R. *tuit.*
[2]) *L'anars.*   R. *l'amars.*
[3]) R. aisi con qui volia dir: *plasentz cavaliers, plazentz domna.*

mas cc., ccc., cccc., d., dc., dcc., dccc., dcccc., s'abrevion el nominatiu cas plural, et alongon si en totz los autres. [1])

Parlat vos ai de las paraulas masculinas et femininas, con s'alongon et s'abrevion en cascun cas. Araus parlarai de cellas qe dessemblan son al nominatiu et al vocatiu singular, et a totz los autres. Primieramen vos dirai las femininas: el nominatiu el vocatiu singlar ditz hom: *ma donna*, *sor*, *necza*,[2]) *gasca*, *garza*, et, en totz los autres cas singulars, ditz hom: *mi dons*, *seror*, *boda*,[3]) *gascona*, *garsona*, et en totz los cas plurals dis hom: *dompnas*, *serors*, *bodas*, *gasconas*, *garsonas*.

Dels masculins podes auzir oimais. El nominatiu et el vocatiu singular ditz hom: *conpags*, *Peires*, *Bos*, *bailes*, *Nebles*, *fels*, *laires*, *Brezes*, *Gascs*, *glotz*, *gars*, *Carles*, *Ucs*, *Guis*, *Miles*, *Gaines*, *Folqes*, *Ponz*, *Berniers*, *dos*, *catz*, et en tot los autres cas singulars, et el nominatiu et el vocatiu plural ditz hom: *conpaignon*, *Peiro*, *Bozon*, *bailon*, *Neblon*, *felon*, *lairon*, *Breton*, *Gascon*, *gloton*, *garson*, *Carlon*, *Ugon*, *Guison*, *Milon*, *Ganellon*, *Folcon*, *Ponson*, *Bernison*, *don*, *chaton*. Et el genitiu, et el datiu, et e l'acusatiu, et en l'ablatiu plural ditz hom: *conpagnons*, *Perons*, *Bretons*, *barons*, *bailons*, *Eblons*, *lairons*, *castons*. Per so car trobares una paraula dicha en doas guisas, devetz sercar totz los cas.

Estiers aquestas deves saber qe el nominatiu et el vocatiu singular dis hom: *nepos*, *abus*, *pastres*, *senhers*, *coms*, *vescoms*, *enfes*, *prestres*, *homs*, *clerges*, *mazos*, et el genitiu, et el datiu, et en l'acusatiu, et en l'ablatiu singular, et el nominatiu, et el vocatiu plural devon dir: *bot*,[4]) *abat*, *pastor*, *segnor*, *conte*, *vesconte*, *enfant*, *preveire*, *home*, *clergue*, *mazon*. Et el genitiu, et el datiu, et en l'acusatiu, et en l'ablatiu plural deu hom dire: *botz*, *abatz*, *pastors*, *segnors*, *contes*, *vescontes*, *enfantz*, *preveires*, *homes*, *clergues*, *mazons*. Autresi si trobatz d'autres a senblans d'aqest, vos deves pensar et esgardar qe en aisi los deu hom dir.

---

[1]) R. E sapchatz que hom dis *us* el nominatiu e *un* en totz los autres cas. Eissamen diz hom *dui* el nominatiu e el vocatiu, e els autres cas totz dis hom *dos* . . . . veramen *cent* diz hom per totz cas d'una guiza, mas *dos cent*, *tres cent*, *quatre cent*, D., DC., DCC., DCCC., DCCCC., abrevia hom el nominatiu et el vocatiu plural, et en los autres cas los alonga hom, aissi qom qi dizia: *eu hai ducentz*, *tres centz*, *quatre centz libras*.

[2]) *Necza*. R. *Nepza*.

[3]) *Boda*, abréviation de *Neboda*, qui est la forme oblique de *Necza* (nièce).

[4]) *Bot*, forme abrégée de *Nebot*, comme plus haut *Boda* pour *Neboda*.

Dels nomes verbals sapchatz qe i a de tres manieras, aisi com *emperaires, chantaires, violaires,* et en aisi con *grasieires, jauzieires,* et en aisi com *entendeires, valeires, tondeires;* aqest et tuit l'autre d'aqesta maniera qe n'i a motz, si dizon en aisi el nominatiu et el vocatiu singular, so es *emperaires* et *grazieires* et *entendeires;* et el genitiu et el datiu et en l'acusatiu et en l'ablatiu singular, et el nominatiu et el vocatiu plural ditz hom: *emperador, jauzidor, entendedor,* et el genitiu et el datiu et en l'ablatiu plural ditz hom; *emperadors, jauzidors, entendedors,* et totz los autres d'aquesta maniera.

Aissi son li adjectiu comun qis varion el nominatiu, et el vocatiu singular ab los autres. El nominatiu et el vocatiu singlar ditz hom ab qalqe substantiu, sia masculis o femenis: *maiers, menres, meillers, bellazers, gensers, sordeiers, piegers;* et en totz los autres cas ditz hom: *maior, menor, melhor, bellazor, gensor, sordeior, peior,* breus et loncs, aisi com els substantius masculins. [1])

.Per so qe derrier voil parlar del verb, vos dirai aisi las paraulas del pronome, con se dizon en cascun cas. El nominatiu et el vocatiu singular ditz hom *els, cels, aqels, aquestz, autres, aicels, cestz, lor, mos, sos,* et en totz los autres cas singulars: *lui, celui, cestui, aqest, altrui,* et el nominatiu et el vocatiu plural ditz hom: *ill, cill, aqill, aqist, autre, cist, miei, siei,* et en totz los autres cas plurals ditz hom: *els, cels, lors, aqels, aqest, autres, aicels, cest, los, mos, tos, sos.*

Auzit aves dels masculins, ara vos dirai dels feminins. El nominatiu et el genitiu et el datiu et en l'acusatiu et el vocatiu, et en l'ablatiu singular, ditz hom: *ella, cella, autra, aqesta, la, sa, ma,* et en totz los cas plurals ditz hom: *ellas, cellas, aquestas, cestas, las, mas, sas, autras.* Aqestas son cellas qe hom dis plus d'una guiza en totz locs.

Las paraulas del pronom son aqestas: *mieus, tieus, sieus, nostres;* et alongon si et s'abrevion aissi con li masculin. Las femininas son: *mieua, tieua, sieua, nostra, vostra;* et alongon si et s'abrevion aisi con las femininas del nome.

En aiso qe vos ai dig entro aisi podetz aver entendut com si mena hom las paraulas del nomen et del particip et del pro-

---

[1]) à ces exemples de noms verbaux le Ms. R. ajoute: *Suffrires, mentires, trahires,* dont les formes obliques sont: *Sufridor, mentidor, trahidor,* avec ou sans *s,* selon le nombre et le cas.

nomen, et alongan si et abrevian. Ara vos parlarai de l'adverb et del conjunctiu et del prepositiu et de l'interjectiu. [1])

Las paraulas de l'averbi pot hom dire longas o breus, segon qe n'aura mestier, aisi com: *mai* o *mais*, *als*, *al*, *alliors*, *aillor*, *lonjamenz* e *lonjamen*, *largamen* o *largamenz*, *bonamen* o *bonamenz*, *eissamen* o *eissamenz*, *autramen* o *autramenz*. Et atressi dizon totas cellas d'aquesta maniera.

Las autras paraulas de l'adverbi e de la conjunctio et de la preposition e de l'interjection totz hom prim las deu ben esgardar, car tota via et en totz luecs las ditz hom d'una guiza.

Hueimais vos parlarai del verb. — En la primiera persona del singular ditz hom, *sui*, et en la segonda ditz hom, *iest*, et en la terza, *es*. En la primiera persona del plural, ditz hom, *em*, en la seconda, *est*, en la terza ditz hom, *sun*. Per so vos ai parlat d'aqestas tres personas, car mant trobadors an messa l'una en luec de l'autre. [2])

Autras paraulas i a del verb en qe an fallit li plus dels trobadors, aisi con: *trai*, *atrai*, *estrai*, *retrai*, *cre*, *mescre*, *recre*, *descre*, *pavi*, *suffri*, *trahi*, *vi*. Per so car en aqestas paraulas tres an fallit lo plus dels trobadors, vos en parlarai a castiar los trobadors els entendedors.

Saber devetz qe *trai*, *atrai*, *estrai*, *retrai* son del present, et de l'indicatiu et de la terza persona del singular,[3]) e deu los hom dir aisi con qi dizia: *aqel trai lo caval de l'estable*, o: *aqel retrai bonas novas*, o: *aqel s'estrai d'aco qe a convengut*, et: *aqel atrai gran ben al sieu*. En la primiera persona ditz hom: *ieu trac lo caval de l'estable*, o: *ieu retrac bonas novas*, o: *ieu m'estrac d'aiquo qe ai convengut*, o: *ieu atrac gran ben als mieus*.

---

[1]) En aisi vos ai dig del nome e del participi e del pronome cossi si menon las paraulas en alongament et en abreviament et en semblan. Ara vos parlarai de l'adverbi et de la conjunction et de la preposition et de l'interjection.

[2]) R. En la prima persona del singular, diz hom *sui*, e en la terza del plural *son*, aissi com qi volia dir: *eu sui bels*, et *cill son bel*, et per zo vos ai parlat d'aqestas doas personas qe maint trobador an ja messa la una en luec de l'autra.

[3]) R. De la terza persona del singular e vai en aissi: *Eu trac, tu tras, aqel trai, eu retrai, tu retras, aqel retrai*, qon qi volia dir: *Eu trac mon caval de l'ostal, tu tras la rauba de la maizon, aqel trai lo coltel de la griazina* et *eu retrai bonas novas* et *tu las retras* et *aqel las retrai*.

6

Pero En B. del Ventedor mes la terza persona per la prima
en dos seus cantars. L'uns ditz:

> Ara can vei la fuella
> Jos dels arbres cazer.[1]

Et l'autres ditz:

> Ara no vei luzir soleill.[2]

Del primier cantar fon li falla en la cobla qe ditz:

> Encontral dampnatge
> E la pena q'ieu *trai.*

Et degra dire *trac*, car o dicis en prima persona, on hom deu
dire *trac*. En l'autre cantar fon li falla en la cobla qe ditz:

> Ja ma dompna nos meravelh
> Sil prec qem don s'amor nim bai
> Contra la foldat q'ieu *retrai.*

E degra dire *retrac*, qe de la terza persona es *trai* et *retrai*,
qe aitan mal es dig: „*Ieu trai per vos gran mal*,“ o qi dizia aqel:
„*Retrac de vos gran mal.*“

De leu pot esser qe i aura d'omes qe diran com si pogra
dire *trac* ni *retrac*, qe la rima non anava en ᴀᴄ. Als disenz pot
pom respondre qel trobaires degra cercar motz et rimas en ᴀɪ, qe
non fossan biaisas ni falsas en personas ni en cas. — *Estrai* e
atrai si dizon en aquella guiza mezeissa. — Aitan ben son del
present de l'indicatiu et de la terza persona del singular e *cre*, e
mescre, et *descre*. En la prima persona ditz hom: *crei, mescrei,
descrei.* Aitan mal diria qi dizia *eu cre*, qom qi dizia: „*aquel
crei*,“ et qi ditz: „*ieu ve*,“ con qui ditz: „*aqel vei.*“ Et aissi diz
hom: *Eu vei, tu vez, aqel ve.* Autresi en la prima persona ditz

---

[1] Ce sont les deux premiers vers d'une chanson qui se trouve dans 16
manuscrits. Aucun de ces manuscrits ne reproduit la leçon de R. Vidal, qui
est la meilleure, à mon gré; la plupart donnent:

> Lanquan vey la fuelha
> Jos dels albres cazer.

dans d'autres on lit:

> Lai quan . . . . .
> Er quan . . . . .

Raynouard, qui a publié cette pièce, (III, 62) a adopté la leçon *lanquan
vey*, et M. le D. Mahn, (I, 14) a reproduit le même texte.

[2] Premier vers d'une pièce qui se trouve dans 17 manuscrits, où elle
commence, tantôt par *Ara*, comme ici, tantôt et plus souvent par *Era*. Cette
pièce a été publiée par M. Delius, *Ungedruckte provenzalische lieder* etc.
Bonn. H. B. König, 1853. p. 20.

hom: „*ieu crei*,“ et en la terza persona: „*aqel cre.*“ Et autresi devon dir tut li autre d'aqesta razon.

Mas En G. del Borneill i falli en una bona chanson qe ditz:

> Gen m'aten ses faillimen
> En un chan valen.[1])

En aqella cobla qe ditz:

> De noen mi vau meten.
> Per sobrardimen
> En bruda
> Mentaguda
> Qem trai
> Vas tal assai,
> Quar la mia fe
> Ben cre. [2])

Aqest *cre* q'es de la terza persona mes en la prima, on hom deu dire *crei*.

Autresi ne blasmei En Peirol qi diz:

> Et am la tan que a la mia fe
> Qan vei mon dan, ges mi mezeis mon cre. [3])

En B. del Ventedorn que dicis:

> Totas las dot et las mescre. [4])

E degra dir *mescrei*; e en autre luec diz:

> A per pauc de joi nom recre. [5])

E degra dir *recrei*, qar tut aqist: *cre, mescre, recre*, son de la terza persona del singular, et de l'indicatiu; et car il los an ditz

---

[1]) Premiers vers d'une pièce qui se trouve dans 11 manuscrits. (Elle commence dans l' un par *ben m'aten.*) V. entr' autres le Ms. de la Bibl. Imp. 7614, fol. 22 r⁰. — J'ai restitué d'après ce Ms., et d'après le Ms. 2033, suppl. fr., les vers cités ici, dont le texte était inintelligible.

[2]) Le Ms. La Vall. 14 a corrigé la faute que Raymond Vidal reproche à G. de Borneil, mais en altérant le mot *fe*; on lit dans ce ms.:

> c'a la mia fey
> ben crey.

[3]) Dans la chanson: *Mout m'entremis de chantar voluntiers*, qui se trouve dans 16 manuscrits, et qui a été publiée récemment en entier par M. le Dr. Mahn, *Die werke der troubadours*, t. II, p. 16.

[4]) Ce vers se trouve dans la pièce: *Quan vey la laudeta mover*, qui se trouve dans 19 manuscrits, et qui a été publiée par Raynouard, t. III. p. 68, et par M. le Dr. Mahn, T. I. p. 32.

[5]) Dans la chanson: *Quan par la flors jostal vert fuelh*, qui se trouve dans 19 manuscrits, et qui a été publiée par Raynouard, T. III, p. 65, et par M. le Dr. Mahn, t. I, p. 19.

6*

en la prima persona, on hom deu dire: *crei, mescrei, recrei*; son fallit.

Autresi *suffri, feri, trai, nori*, et totas las paraulas d'aqesta maniera son del present perfag de l'indicatiu, et de la primiera persona del singular, et en la terza ditz hom: *partic, feric, traïc, noric*. Per qe En Folqetz i faillic en una sua canson que ditz:

> A! can gent venz et ab cant pauc d'afan.[1])

En aqella cobla qe ditz:

> On trobares mais tan de bona fe,
> C'ancmais nuls hom si meseis non traï.

Aqest *traï* dicis el en la terza persona, on hom deu dir *traïc*. Et en la primiera persona ditz hom *traï*, et autresi de totz los autres d'aqesta maniera, et trac vos en per guiren En Peire Vidals qi diz en la terza persona:

> C'Aleysandres moric
> Per son sers quel traïc;
> El rei Daires feric
> A mort cel qel noiric.[2])

Aitan mal seria dig qi dizia: „*aqel vi un hom*," o: „*aquel feri un hom*," con qi dizia: „*ieu vic un home*," o: „*ieu feric un home*. Autresi de totz los autres d'aqesta maniera.

Assatz podes entendre, pos ieu vos ai proat per tantz bons trobadors qe son faillit, gardats dels malvatz qe n'i trobaria hom qi o cercava, qe dels melhors n'atrobaria hom assatz mais, qi ben o volia cercar primamentz, de malvasas paraulas mal dichas.[3])

Las autras paraulas del verb, per so car ieu non las poiria totas dir sens gran affan, totz hom prims las deu ben esgardar. Et eu cant aug parlar las gents d'aqella terra, e demant a cels que an la parladura reconoguda e ques gaston, on li bon trobador las an dichas; car nul gran saber non pot hom aver menz de gran us de sotileza.[4])

[1]) pièce de Folquet de Marseille, conservée dans 18 manuscrits, publiée par Raynouard, T. III, p. 161, et par M. le Dr. Mahn, T. I, p. 322.

[2]) Dans la chanson: *Ben viu a grant dolor*, qui se trouve dans 8 manuscrits. V. entr' autres celui de la Bibl. Imp. La Vall. 14, fol. 17 v⁰.

[3]) R. Pos ieu vos ai dit et proat qe tan bon son faillit, podetz saber qe han fag li malvagz; e qi ben volria ni sabra conoisser ni esgardar primamen d'aquest trobadors meteis en trobara mais de malvazas paraulas q'ieu no us hai dichas e dels autres, mais qe ja non poiria ni sabria conoisser, si primamenz no i entendia e non se trebaillava.

[4]) R. totz hom prim las pot ben esgardar et usar, qant auzira las genz parlar d'aqellas terras . . . . et enqeira a cels qi sabon la parladura e l'an reconeguda, et esgar los bos trobadors qan las han dichas, qar null gran saber non pot hom aver ses grant us, sitot sap l'art.

Per aver mais d'entendemen vos vuoil dir qe paraulas, i a don hom pot far doas rimas aisi con: *leal*, *talen*, *vilan chanson*, *fin*. Et pot hom ben dir, qi si vol: *liau*, *talan*, *vila*, *chanso*, *fi*. Aisi trobam qe o an menat li trobador; mas li primier, so es *leal*, *talen*, *chanson*, son li plus dreig. *Vilan*, *fin*, suffren miels abreviamen.

Dig vos ai en qal luec del nome dis hom *melhur* o *peior*; era us voill dir qe can sun verb, deu hom dir *meillur* et *peiur* aisi con qi volia dir: „ieu melhur," o: „ieu peiur."

Tot hom prims qe ben vuelha trobar ni entendre, deu ben aver esgardada et reconoguda la parladura de Lemosin et de las terras entorn,[1]) en aisi con vos ai dig en aqest libre, et qe la sapcha abreviar et alongar et variar et dreg dir per totz los luecs qe eu vos ai dig. Et deu ben gardar qe neguna rima, qe li aia mestier, non la meta fora de sa proprietat, ni de son cas, ni de son genre, ni de son nombre, ni de sa part, ni de son mot, ni de son temps, ni de sa persona, ni de son alongamen, ni de son abreviamen.

Per aqi mezeis deu gardar, si vol far un cantar o un romans, qe diga rasons et paraulas continuadas et proprias et avinentz, et qe sos cantar o sos romans non sion de paraulas biaisas ni de doas parladuras, ni de razon mal continuada ni mal assegnada.

Aissi com B. del Ventedorn qe en las primieras qatre coblas d'aqel sieu chantar qe ditz:

Ben m'an perdut de lais vas Ventedor.[2])

e ditz qe „tant amava si donz qe per ren non s'en podia partir ni s'en partiria.". Et en la quinta cobla el ditz:

A las autras sui ueimais escazut,
Car unam pot, sis vol, a son ops traire.

Pois vos dic qe tuit cill qe dizon: *amis* per *amics*, et *mei* per *mè* an fallit, et *mantenir* per *mantener*, et *retenir* per *retener*, tut fallon, qe paraulas son Franzezas,[3]) et nos las deu hom mesclar ab Lemosinas, aquestas ni negunas paraulas biaisas. Dicis En P. Vidal *Verge* per . . . . .[4]) e *galisc* per *galesc*. Et En Ber-

---

[1]) R. de Lemozi e de las autras terras q'eu vos hai dichas.
[2]) ou   Ben m'an perdut lai enves Ventadorn.
pièce qui se trouve dans 15 manuscrits et qui a été publiée par Raynouard T. III, p. 72, et par M. le Dr. Mahn, T. I, p. 20.
[3]) per *retener*, an faillit, qar an pauzat lo nom frances.
[4]) Mot omis dans les Ms.

nartz dicis *amis* per *amics*, et *chastiu* per *chastic*. Et crei ben qe
sia terra on corron aitals paraolas per la natura de la terra; et
ges per tot aisso non deu hom dir sas paraulas en biais ni mal
dichas, neguns hom qe s'entenda ni sotileza aia en se.

E ieu non puesc ges aver auzidas totas las paraulas del
mon, mas en so qe a estat dig mal per manz trobadors ni las
malvazas razons. Pero gran ren en cug aver 'dig en tant per qe
totz homs prims s'en poira aprimar en aquest libre de trobar o
d'entendre o de dir o de respondre. [1])

---

[1]) Ce dernier alinéa manque dans le Ms. R.; le précédent, au contraire,
s'y trouve un peu plus développé, et diffère de la leçon ci-dessus. le voici,
à partir des mots *ab Lemosinas, aquestas ni negunas autras.*

D'aquestas paraulas biaisas diz en P. d'Alvergna *amiu* per *amic* et
chastiu per *chastic*, q'eu non cug qe sia terra el mond on hom diga aitals
paraulas, mas el comtat de Fores.

E Peire Ramon de Toloza en una seua canzon qe diz:

De fin' amor son tuit mei pensamen.

En la segònda cobla *qel solatz el gent parlars mostran qals es a cel qi
sap chauzir* . . . . e degra dir *a celui qi sap* chauzir; e si volia dir plu-
ral, à *cels*, degra dir, *qi sabon chauzir*. Et aqeł'la chanson, en la fin de
la tornada, pauzet un mot frances per proenzal qan el diz:

De gran solaz ni de joi *mantenir*.

E degra dir *mantener*, mas la cobla vai en IR!

E Gaucelms Faiditz faillic en una cobla de la seua chanzon q'el fez
qi diz:

De faire chanzon

en la cobla que diz:

Aisi con ieu *ve*
Que cuiet far de me.

pauzet la terza persona en luec de la prima, et degra dir: *aissi con ieu vei*.

Là se termine, dans le Ms. R. le traité de Raymond Vidal de Be-
zaudun.

Les deux chansons citées dans ce dernier passage sont exactement dé-
signées par leur premier vers, et sont aisées à retrouver dans les Mss. qui
les renferment et qui sont au nombre de 5 pour la première, de 8 pour la
seconde. (V. par exemple, pour la première, le Ms. de la Bibl. Imp. anc.
f. fr. No. 7225, et pour la seconde. le Ms. La Vall. 14.) Les vers de la
chanson de P. Raimond de Toulouse, dont le grammairien ne donne que la
substance se lisent ainsi dans l'un des manuscrits.

El gai solaz el gent parlar nom lais
Mostrar qals es a cel qe sap chauzir.